존중하는 삶

존중하는 삶

최순애 지음

믿음의말씀사

존중하는 삶

발행일	2011. 10. 29 1판 1쇄 발행
	2023. 3. 31 1판 4쇄 발행
지은이	최순애
원 고	노경아
교 정	Faith Readers_서희나 안명옥 우현숙 유다인 이은영 하라미 황호
표 지	원미연

발행인 최순애
발행처 믿음의 말씀사
2000. 8. 14 등록 제 68호
(우) 16934 경기도 용인시 기흥구 신정로 301번길 59
Tel. 031) 8005-5483 Fax. 031) 8005-5485
http://faithbook.kr

ISBN 89-94901-23-× 03230
값 11,000원

이 책에 인용된 한글 성경 구절은 대한성서공회 개역개정판과 말씀보존학회 한글킹제임스 2008년판을, 영어 성경 구절은 King James Version을 주로 사용하였으며 예외의 경우에는 따로 표기하였습니다.

본 저작물의 저작권은 '믿음의 말씀사' 가 소유합니다. 저작권법에 의해 보호를 받는 저작물이므로 무단 전재와 복제를 금합니다.

서문

할렐루야!

그리스도인은 예수님이 요한복음 17:16에서 말씀하신 것처럼 '이 땅에 살고 있지만 이 땅에 속하지 않은 자'입니다. 우리는 자연적인 영역에서 이 땅에 살고 있지만 영적인 영역에서 하나님께서 주신 자녀의 권세를 행사함으로써 자연적인 영역을 변화시키고 초자연적으로 살아가는 자들입니다.

우리는 세상과는 다른 방식으로 경주에 임합니다. 바로 하나님의 왕국이 운영되는 원리를 따라서입니다. 이 원리가 작동하는 것은 마치 전기가 전선을 따라 흘러가는 것과 같습니다. 전선의 재질이나 상태에 따라 더 강한 전류가 흐르거나 더 약한 전류가 흐르는 것과 같이, 하나님의 능력은 우리가 얼마나 법칙에 따라 잘 기능하며 풀어내느냐에 따라 우리의 삶에 더 강하게, 혹은 더 약하게 나타납니다. 그 왕국의 법칙은 바로 사랑의 법칙이며, 그 법칙을 풀어내는 방법은 바로 존중하는 삶The Life of honor입니다.

성경은 시편 1:1-3에서 우리가 불신자들의 방법과 꾀와 태도에서 물러서서 하나님의 말씀을 주야로 묵상할 때, 환경에 제한 받지 않는 번영하는 삶을 산다고 말해줍니다.

하나님의 자녀가 되어 새로운 피조물이 된 우리는, 이 땅에서 자기가 속한 모든 환경과 상황을 다스리도록 이미 확정되어 있고 그것들을 다스리는 우리만의 방법이 있습니다.

우리는 어두움을 어두움으로 대하지 않고 빛을 비춤으로써 어두움을 쫓아냅니다. 우리는 어떤 상황 속에서도 육신으로 반응하지 않고 인생의 각 분야마다 주신 하나님의 말씀을 따라 능력이 역사하게 함으로써 그 분야를 다스립니다.

수년 전 미국 오클라호마 주 털사Tulsa에 있는 레마 성경 훈련소 Rhema Bible Training Center에 공부하러 가서 '존중하는 삶'에 대한 내용을 처음으로 접했을 때, 이것은 제게 신선한 충격이었습니다. 그때까지 세상에 사는 자연인과 같은 태도로 말씀을 방법적으로 적용하려고 애쓰고 있던 저에게 이런 삶의 방식은 지각변동을 경험하는 것과 같았습니다.

그 후, 제 삶은 더 단순하고 분명한 방향성을 갖게 되었습니다. 조건이나 상황과 관계없이 하나님의 지시는 언제나 같은 방향을 가리키고 있기 때문입니다. 우리의 삶에서 하나님의 말씀대로 살고 사랑으로 살면서 승리하지 못할 분야는 없습니다.

베드로전서 5:6은 우리가 우리의 방법에서 겸손하게 물러서서 말씀에 순종하면, 때가 되었을 때 하나님께서 우리를 높여주신다고 말씀하십니다. 말씀을 따라 심령으로부터 나오는 존중하는 삶을 살 때 우리는 하나님의 능력을 더욱 경험하게 되고, 모든 그리스도인들이 함께 그렇게 살아갈 때 우리들의 삶은 무한한 매력을 발산하여 많은 사람들이 하나님의 왕국에 들어오고 우리의 행진에 동참하게 될 것입니다.

그동안 저에게 존중하는 삶의 모델이 되어주신 하나님의 사람들께 감사드리며 그분들을 존경합니다. 그분들의 삶이 저의 삶에 많은 영향을 끼쳐 그 삶이 저의 삶의 일부가 되었습니다.

이 책에서는 제가 그동안 그분들에게 배워서 실천하고 있는 내용을 중심으로, 존중하는 삶에 대해 성도들이 알아야 할 것들과 각 분야별 말씀들을 기록하였습니다.

이 책이 당신의 삶을 더 아름답고 풍성하게 하는 축복의 도구가 되기를 기도합니다.

세상이 감당할 수 없는 하나님의 거대한 군대의 행진을 바라보며…….

2011. 10. 18
최순애

목 차

서문 5

1장 '존중하는 삶'이란 11

2장 존중하는 삶의 태도 43

3장 겸손과 교만 69

4장 존중하는 삶을 위해 기억할 것 89

5장 성령님을 존중하는 삶 137

6장 분야별 존중하는 삶 159

Life of Honor 1

'존중하는 삶'이란

존중하는 삶을 살면 존귀하게 된다

"존중하다honor"라는 말은 '상대를 특별하게 대한다'는 뜻입니다. 즉 상대에 대해 '특별한 태도'를 가지는 것입니다. 이는 삶의 다양한 상황에서 다양한 형태로 나타납니다. 예를 들어 자신이 존중하는 상대와 대화를 나누게 되면, 다른 사람을 대하는 것과는 차별화된 태도로 자신의 뜻을 전달하고 그의 말도 더 경청할 것입니다.

안타깝게도 우리가 사는 세상은 진정한 존중을 보여주지 못하고 있습니다. 세상 사람들의 존중은 상황에 따라 조건적으로 나타납니다. 그러나 그리스도인은 참된 존중의 삶을 살아야 합니다. 다시 말해 삶의 모든 영역에서 일관되게 존중의 태도를 가져야 하는 것입니다.

여기에서 말하는 "존중의 삶Life of Honor"이란 두 가지 의미로 해석될 수 있습니다. 첫 번째는 존중하는 삶, 즉 그리스도인으로서 하나님의 말씀을 따라 다른 사람을 존중하며 살아가는 삶을 말합니다. 그리고 두 번째는 존귀한 삶, 즉 존중하는 삶을 산 결과로 하나님께서 높여 주시는 영예로운 삶을 말합니다. 한마디로 우리가 존중하는 삶을 살면, 하나님께서 우리를 존귀하게 하신다는 것입니다. 존중의 삶을 사는 사람은 오직 하나님의 말씀을 삶의 규범으로 삼아 준수하며, 그로 인해 세상이나 사람이 아닌 하나님으로부터 온전한 높임을 받게 됩니다.

이러한 삶은 정직honesty, 진리truth, 성실integrity이라는 세 단어로 표현할 수 있습니다. 즉 존중의 삶은 정직하고 신실하게, 하나님의 말씀의 진리를 추구하며, 한결같은 마음으로 성실하게 정로를 걷는 삶인 것입니다.

성경의 모든 계시가 그렇지만, 특별히 존중의 삶에 대한 메시지는 반드시 "새로운 피조물의 계시"의 바탕 위에 세워져야 합니다. 그리스도 안에서 내가 누구이며 무엇을 가졌고 무엇을 할 수 있는지에 대한 말씀을 충분히 받아들여 적용하는 상태라야, 존중의 삶에 대한 메시지를 온전히 이해하고 풀어낼 수 있습니다. 반대로 하나님께서 어떤 분이시고 그분 안에서 내가 어떤 존재인지 정확히 알지 못하는 상태에서 이 메시지를 듣는다면, 구약 시대의 율법처럼 "하라" 또는 "하지 말라"라는 식의 행동 규범으로 받아들여, 도리어 지키지 못했을 때 정죄감과 죄책감만 커질 것입니다.

하나님께서는 결코 우리가 할 수 없는 일을 하라고 요구하시는 분이 아닙니다. 하나님께서는 이 메시지를 행할 수 있는 충분한 본성과 능력을 우리가 거듭날 때 다 주셨습니다. 문제는 우리가 그 사실을 얼마나 알고 있느냐 하는 것입니다. 자기에게 이러한 능력이 있다는 것을 모른 채 어떻게든 해보려고 애쓰는 것과, 이미 다 가졌다는 것을 알고 그것을 풀어내는 것 사이에는 큰 차이가 있을 수밖에 없습니다.

안타깝게도 주변의 많은 그리스도인들을 보면 하나님과 교회에 대한 열심은 특별하면서도, 존중의 삶에 대한 이해는 부족한 것을 보게 됩니다. 물론 가장 큰 이유는 새로운 피조물에 대한 계시가 부족하기 때문입니다. 그런데 자세히 보면 그들의 신앙생활의 초점이 '하나님을 잘 믿는 것'에만 집중되어 있고, '주변 사람들과 이 세상에 영향력을 미치는 것'에는 이르지 못한 것을 볼 수 있습니다. 전도를 아무리 열심히 하는 사람이라도, 그가 실제 삶에서 얼마나 불신자들에게 선한 영향력을 끼쳤는가는 별개의 문제일 수 있습니다.

이는 행동의 문제가 아니라, 중심과 바탕의 문제입니다. 바탕이 잘못된 상태에서 방법만 따라 하다가는 좋은 결과는커녕 오히려 역효과를 낼 수 있습니다. 바른 심령과 정확한 계시가 합해져야, 비로소 하나님의 말씀이 우리 삶에서 막힘없이 역사하게 되고, 그리스도인으로서 우리는 세상을 향해 진정 선한 영향력을 끼칠 수 있습니다.

먼저 '새로운 피조물'의 계시로 기초를 단단히 다지십시오. 그리고 그 위에 '존중의 삶'에 대한 메시지를 세우십시오. 그러면 당신은 참된 그리스도인의 심령과 태도를 갖추게 될 것입니다. 그만큼 '존중의 삶'은 중요한 주제입니다. 그렇기 때문에 제가 만난 여러 멘토 목사님들께서도 그리스도인의 합당한 삶의 태도와 행동에 대해 공통적으로 강조하여 가르치시는 것을 볼 수 있었습니다.

당신이 하나님 나라의 원리를 따라 기능하며 풍성한 축복과 역사가 막힘없이 나타나는 삶을 살기 원한다면, 반드시 "존중의 삶"에 대해 정확히 알고 적용해야 합니다. '존중의 삶'을 산다는 것은 우리의 근원인 심령을 다루는 일이면서, 동시에 그 심령을 행동의 영역으로 나타내는 일입니다. 이처럼 우리가 가진 온전한 심령과 생명을 다른 사람에게 표현하고 실재의 영역에 나타낼 때, 비로소 세상은 그리스도인들의 특별함을 발견하고 매력을 느끼게 될 것입니다.

존중의 삶은 새로운 피조물의 자연스러운 생활 방식이다

존중의 삶은 하나님의 왕국kingdom of God;하나님의 나라에 사는 새로운 피조물로서 당연히 살아야 할 삶의 방식입니다. 누가 보든 보지 않든 우리의 방향은 하나입니다. 세상 사람들은 당장 눈앞의 이익을 따라 움직입니다. 그런 시각에서 보면, 하나님의 말씀대로 행하는 사람들은 많은 손해를 보는 것 같습니다. 그러나 그런 일은 없습니다. 하나님의 말씀은 모든 문제의 중심을 다루어 근본을 해결하기 때문입니다. 그러므로 우리는 다만 하나님의 말씀이 진리인 것과 그 말씀을 지키며 사는 것이 축복받는 길인 것을 믿기만 하면 됩니다.

거듭나지 않은 사람들은 죄의 본성을 가지고 있기 때문에 죄를 지을 수밖에 없습니다. 그래서 세상에서는 각종 법규를 통하여 사람들의 행동을 제한합니다. 그러나 새로운 피조물은 더 이상 죄의 본성에 의해 기능하는 사람들이 아닙니다. 우리는 외부적인 제약이 없더라도 스스로 옳은 일을 행할 수 있는 능력을 가지고 있습니다. 그럼에도 불구하고 많은 그리스도인들이 규율을 당연히 준수하기보다는, 여느 세상 사람들처럼 '어떻게 하면 규칙을 살짝 어기고 안 걸리면서 빠져나갈까?' 하고 궁리하는 것을 보게 됩니다.

문제는 이러한 태도가 하나님의 말씀을 대할 때도 동일하게 적용된다는 것입니다. 하나님께서 그분의 말씀을 주신 목적은 우리를 제한하기 위해서가 아니라 우리를 보호하고 더 자유롭게 만들기 위해서입니다. 그런데 우리는 아직도 율법에 속한 자처럼 '어떻게 하면 좀 빠져나갈까?'라는 마인드를 가지고 아슬아슬하게 줄타기를 하는 모습을 볼 수 있습니다. 단적인 예로 "성경에서 술 취하지 말라고 했지, 술 마시지 말라고는 안 했다. 그러니까 술을 적당히 마시는 건 괜찮다."라는 말도 마찬가지입니다. 단순히 술을 마시는 행위가 죄인지 아닌지를 떠나서, 이는 말씀에 접근하고 그것을 적용하는 태도에 기본적으로 문제가 있다고 볼 수 있습니다. 하나님의 성품과 그분께서 하신 말씀의 의도를 이해하기보다는, 자신의 행동을 정당화하기 위해 자의대로 해석하려 하기 때문입니다. 이는 새로운 피조물의 태도가 아닙니다.

하나님의 말씀은 그분의 왕국이 운영되는 기초 원리이며, 우리에게 자유와 승리를 주기 위한 강령입니다. 그러므로 우리는 기쁜 마음으로 그것을 지키기로 작정해야 합니다.

> 시 15:1-5
> 여호와여 주의 장막에 머무를 자 누구오며 주의 성산에 사는 자 누구오니이까 정직하게 행하며 공의를 실천하며 그의 마음에 진실을 말하며 그의 혀로 남을 허물하지 아니하고 그의 이웃에게 악을 행하지 아니하며 그의 이웃을 비방하지 아니하며 그의 눈은 망령된 자를 멸시하며 여호와를 두려워하는 자들을 존대하며 honor 그의 마음에 서원한 것은 해로울지라도 변하지 아니하며 이자를 받으려고 돈을 꾸어 주지 아니하며 뇌물을 받고 무죄한 자를 해하지 아니하는 자이니 이런 일을 행하는 자는 영원히 흔들리지 아니하리이다

위의 말씀은 주의 장막에 머무르며 주의 성산에 사는 자, 즉 주님과 함께 하는 자의 삶을 묘사하고 있습니다. 이제 의인으로

거듭난 우리는 주님과 함께 거하면서 그분이 주신 축복을 모두 받을 수 있습니다. 그러나 하나님의 왕국이 작동하는 원리는 어제나 오늘이나 동일하며, 그 핵심 원리 중 하나가 바로 존중의 삶입니다. 위 말씀에서는 존중하는 자의 삶이 어떠한지 구체적으로 보여주면서 이런 사람은 영원히 흔들리지 않으리라고 약속합니다.

존중할 줄 모르는 자는 어리석은 자이다

> 잠 26:1
> 미련한 자에게는 영예honor가 적당하지 아니하니 마치 여름에 눈 오는 것과 추수 때에 비 오는 것 같으니라

미련한 자, 즉 어리석은 자는 하나님께서 높여주시는 영예로운 삶을 살 수 없습니다. 이는 마치 여름에 눈이 오는 것이나 추수 때 비가 오는 것처럼 함께 있으려야 있을 수 없는 일, 또는 함께 하면 저주가 되는 일입니다.

사람들은 보통 지식과 아이디어가 많고 두뇌가 명석하면 지혜롭고, 그렇지 않으면 어리석다고 생각합니다. 그러나 성경에서는 하나님의 말씀대로 살지 않고 자신의 지혜로 사는 사람을 어리석다고 말합니다. 그들은 자신의 방법이 옳은 길이고, 하나님의 말씀을 따라 우직하게 정로를 따르면 손해를 본다고 생각합니다.

그런 사람은 결코 존중의 삶을 살 수 없으며, 말씀에서는 그런 미련한 자에게는 하나님이 주신 영예가 어울리지 않는다고 말하고 있습니다.

존중의 삶을 살려면 자신을 판단하고 훈련해야 한다

 우리는 그리스도 안에서 거듭나서 새로운 피조물이 되었습니다. 그러나 그렇다고 해서 저절로 존중하는 삶을 살게 되는 것은 아닙니다. 우리의 영은 의인의 본성을 가지고 완전히 새롭게 태어났지만, 감정·의지·생각과 같은 혼적인 영역에서는 죄인으로 살아갈 때의 옛 습관과 경험이 여전히 남아있기 때문에, 우리의 마음mind이 말씀으로 새로워지기 전까지는 말씀과 일치하지 않는 잘못된 반응이 수시로 나오게 됩니다. 그러므로 우리는 예전의 습관대로 육신에 속한 자처럼 반응할지, 아니면 하나님의 말씀을 붙잡고 영적으로 성숙한 자의 삶을 살지 매 순간 선택해야 합니다.

 고전 11:31
 우리가 우리를 살폈으면 판단을 받지 아니하려니와

 우리는 스스로를 살피고 판단해야 합니다. 그 기준은 하나님의 말씀입니다. 하나님의 말씀에 비추어 자신을 판단하고 교정하면,

밖에서 공공연하게 판단 받을 일이 없어집니다. 그러나 그렇게 하지 않고 존중의 삶을 생활화하지 않는다면, 언젠가는 반드시 문제가 발생하고 사람들과 하나님께 해를 끼치게 될 것입니다. 거듭난 우리는 존중의 삶을 살 수 있는 모든 능력을 이미 가지고 있지만, 실제로 그런 삶을 살기 위해서는 지속적인 훈련과 의지적인 선택이 필요함을 기억해야 합니다.

존중하지 않는 삶은 하나님의 축복을 가로막는다

이미 언급했듯이, 존중의 삶은 하나님의 왕국에서 온전하게 기능하기 위한 핵심적인 원리입니다. 그러므로 이 기초가 잘 되어 있는 사람은 하나님께서 주신 모든 축복과 권세를 막힘없이 풀어내며 살 수 있지만, 그렇지 않은 사람은 당연히 축복의 자리에 들어가기가 어렵습니다.

> 벧전 3:7
> 남편들아 이와 같이 지식을 따라 너희 아내와 동거하고 그를 더 연약한 그릇이요 또 생명의 은혜를 함께 이어받을 자로 알아 귀히 여기라 이는 너희 기도가 막히지 아니하게 하려 함이라

위 말씀은 남편과 아내의 관계에서 어떻게 존중의 삶을 살아야

하는지 이야기하면서, 그렇게 할 때 기도가 막히지 아니할 것이라고 말합니다. 바꿔 말하면, 존중하는 삶을 살지 않는 사람은 그가 하는 기도에 효력이 없다는 것입니다.

이는 우리가 잘못을 저지르면 하나님께서 기도 응답을 안 해 주신다는 뜻이 아닙니다. 하나님은 언제나 우리에게 복을 주기 원하시고 우리의 기도에 응답하기 원하십니다. 그러나 존중하지 않는 삶을 살면서 복을 받기 원하는 것은, 마치 중력의 법칙을 거슬러 물을 아래에서 위로 흘려보내려고 하는 것과 같습니다. 다시 말해 존중하는 삶을 살지 못하는 사람은 왕국의 원리를 거슬러 살고 있기 때문에, 스스로 축복의 자리에서 멀리 벗어나 있는 상태인 것입니다.

참된 존귀는 하나님으로부터 온다

세상에는 많은 부자들이 있습니다. 그 중에는 그리스도인으로서 하나님의 재정 원리에 의해 부요를 누리는 사람도 있지만, 반대로 세상의 방식대로 부를 축적한 사람도 있습니다. 마찬가지로 우리 눈으로 볼 때는 성공한 사역자라 하더라도, 때로는 하나님으로부터 높임을 받지 못한 경우도 있습니다. 예를 들어 세상적인 마케팅 전략을 활용하여 교회가 부흥되었다면, 그것을 하나님으로부터 온 온전한 높임이라고 보기는 어려울 것입니다. 오해하지는 마십시오. 물론 성령의 인도에 따라 그런 방법을 취할 수도 있고, 또 하나님께서는 어떤 상황에서도 은혜로 역사하실 수 있는 분이십니다. 다만 여기에서 지적하는 것은 중심의 태도와 동기에 대한 부분입니다.

교회를 개척한 지 4-5년 정도 되었을 때, 저는 문득 "내가 추구하고 있는 방향이 무엇인가?"라는 생각을 하게 되었습니다. 당시 저는 개척한지 얼마 되지 않은 사모로서 열심히 성도들을 섬기면서 앞만 보고 달려가고 있었습니다. 그러던 중 과연 내가 이렇게 달리는 이유가 무엇인지에 대해 조명해 볼 수 있는 계기를 맞게 되었습니다. "성도 수의 증가"가 목표인지 생각해보면 단지 그것만은 아닌 것 같았습니다. 사람이 늘어나면 그만큼 다룰 문제도 늘어날 텐데, 사역자와 기존 성도 모두 이에 대처할 영적 역량을 충분히 구비하지 못한 상태에서 숫자만 늘어난다면 결국 부작용이 생길 것이기 때문입니다.

다행히도 당시 저는 하나님 아버지에 대해 비교적 잘 알고 있었습니다. 제가 아는 하나님은 적어도 제가 감당하지 못할 일들을 하면서 소진되기를 원하시는 분이 아니셨습니다. 우리는 하나님의 일꾼이기 이전에 그분의 자녀입니다. 그러므로 하나님께서는 우리가 무작정 열심히 일하기를 원하시는 것이 아니라, "하나님께서 시키신 그 일"을 "기쁨으로" 감당하기 바라시며, 또 그렇게 할 수 있도록 세워주십니다.

그래서 저는 이렇게 결단했습니다. "포도나무 가지가 포도나무에 붙어있기만 하면 저절로 열매를 맺는 것같이, 나는 반드시 주님께 붙어서 주님으로부터 오는 모든 계시와 성령의 능력과 말씀을 먹고 든든하게 성장할 것이다. 그러면 열매는 당연히 맺힐 것이다."

> 요 5:41-44
> 나는 사람에게서 영광을 취하지 아니하노라 다만 하나님을 사랑하는 것이 너희 속에 없음을 알았노라 나는 내 아버지의 이름으로 왔으매 너희가 영접하지 아니하나 만일 다른 사람이 자기 이름으로 오면 영접하리라 너희가 서로 영광을 취하고 유일하신 하나님께로부터 오는 영광은 구하지 아니하니 어찌 나를 믿을 수 있느냐

위의 말씀에서 예수님께서는 하나님에게서 온 영광을 구하지도 않고 알아보지도 못하는 유대인들의 문제를 지적하고 계십니다. 우리는 예수님을 따르는 자들이고, 예수님의 형상을 닮아 새롭게 태어난 자들입니다. 그런 우리가 궁극적으로 추구해야 할 것은 단지 세상의 높임이나 외형적인 성공이 아닙니다. 저는 하나님께서 저에게 더 많은 것을 맡길 수 있겠다고 인정하심으로써 높여 주시는 그런 높임을 받기 원합니다. 이것이 참된 존귀입니다.

이는 단순히 어떤 직함이나 감투를 말하는 것이 아닙니다. 결과적으로는 그런 모습으로 나타날 수도 있겠지만, 더 근본적인 개념은 '하나님의 왕국'에서 발휘하는 권세와 영향력이 확장되

는 것을 말합니다. 이는 하나님께서 믿는 자들에게 동일하게 부여하신 권세를 얼마나 온전히 발휘하며 기능하느냐에 따라 결정됩니다. 하나님께서는 이러한 기준에 따라 단계적으로 능력에 맞게 우리를 높여 주십니다. 그리고 하나님의 높임을 받은 자는 하나님께서 다시 내리시지 않는 한 무엇도 그를 낮출 수 없습니다.

우리는 세상이나 사람이 아닌 주님으로부터 오는 참된 존귀를 인생의 목적으로 삼고 추구해야 합니다. 이것이 진짜 성공의 길입니다.

존중의 삶은 권세를 가져온다

우리가 하나님의 말씀을 따라 존중하는 삶을 살면, 하나님께서 우리를 존귀하게 하셔서 우리에게는 권세가 주어집니다. 그러므로 하나님의 원리대로 온전히 기능하는 사람일수록, 하나님의 왕국 안에서 더 큰 권세를 얻게 되는 것은 당연한 일입니다.

> 빌 2:5-11
> 너희 안에 이 마음을 품으라 곧 그리스도 예수의 마음이니 그는 근본 하나님의 본체시나 하나님과 동등됨을 취할 것으로 여기지 아니하시고 오히려 자기를 비워 종의 형체를 가지사 사람들과 같이 되셨고 사람의 모양으로 나타나사 자기를 낮추시고 죽기까지 복종하셨으니 곧 십자가에 죽으심이라 이러

므로 하나님이 그를 지극히 높여 모든 이름 위에 뛰어난 이름을 주사 하늘에 있는 자들과 땅에 있는 자들과 땅 아래에 있는 자들로 모든 무릎을 예수의 이름에 꿇게 하시고 모든 입으로 예수 그리스도를 주라 시인하여 하나님 아버지께 영광을 돌리게 하셨느니라

예수님은 존중의 삶을 실천하신 최고의 모델입니다. 그분은 그 누구보다 자기를 낮추셨고 죽기까지 하나님께 순종하셨습니다. 그리하여 그분은 하나님의 방법대로 하나님으로부터 온 존귀를 받으셨습니다. 성경은 그 이름이 모든 이름 보다 높아져서, 모든 만물이 그 이름 앞에 무릎을 꿇게 되었다고 말합니다. 우리는 존중하는 삶을 사는 사람이 하나님으로부터 존귀하게 여김을 받으면 그에게 어떠한 권세가 주어지는지 예수님의 모범을 통해 정확하게 확인할 수 있습니다. 최고의 존중이 최고의 존귀를 가져오며, 그것이 곧 최고의 권세로 통하는 문인 것입니다.

우리는 사람들이 특정 역할을 맡고 특정 자리에 세워지는 일을 인간적인 눈으로 바라보고 해석하기 좋아합니다. 다시 말해, 저 사람은 저런 능력과 배경이 있으니까 맡을만하다 여기고, 또는 내가 저 사람보다는 더 잘할 수 있는데 왜 나를 세워주지 않을까 하는 불만을 갖기도 합니다. 그러나 특별히 교회에서 리더급인 분들은, 교회에서는 당장이라도 누군가를 세워서 일을 맡기고 싶지만 합당한 사람이 없어서 맡기지 못하는 경우가 많음을 잘

아실 것입니다. 하나님의 입장에서도 마찬가지입니다. 하나님은 우리를 더 높은 자리에 세워서 더 많은 권세를 주고 더 많은 영향력을 행사하게 하고 싶으시지만, 그에 걸맞은 바른 태도와 믿음이 구비된 사람이 없기 때문에 하지 못하시는 것입니다.

아직도 많은 그리스도인들이 하나님의 나라와 권세에 대해서 정확한 개념을 갖지 못하고 있는 것 같습니다. 이 땅에서의 삶은 다소 어렵더라도, 그저 열심히 하나님 믿고 교회에 봉사하다보면 죽어서 천국에 간 후 큰 상급이 기다리고 있을 것이라고 막연히 기대하는 것입니다.

그러나 이 땅에서의 삶이 끝나 육신을 벗고 영원한 영적 영역으로 올라가야만 새로운 생명이 시작되는 것이 아닙니다. 우리의 영원한 생명은 우리의 영이 천국에 간 후부터 시작되는 것이 아니라, 거듭난 순간 이미 이 땅에서 육체를 입은 상태에서 시작되는 것입니다. 즉 하나님의 왕국[1]에서의 삶은 이미 시작되었고, 죽은 후에는 단지 3차원의 영역과 소통하던 육신이라는 통로를 떠나는 것뿐입니다. 실제로 우리가 생각하고 느끼는 기능은 그대로입니다. 다만 우리의 본질인 영이 혼을 가지고, 육신이라는 집을 벗어나는 것입니다. 다시 말하지만, 영원한 세계

---

[1] 성경에서 말하는 '하나님의 왕국(kingdom of heaven, kingdom of God)'이란, 하나님의 통치와 영향력이 미치는 모든 영역을 뜻한다. 사람의 육신이 죽은 후에 영이 가게 되는 '하늘나라(천국; heaven)'는 '하나님의 왕국' 자체가 아니라 그 안에 속한 일부분이다.

에 들어간다 하더라도 이 땅에서의 생명과 그곳에서의 생명은 분절된 별개의 것이 아니라 연속적인 생명입니다. 물론 우리가 거한 환경은 달라지지만, 우리에게 있어서는 본질적으로 달라지는 것이 없습니다. 왜냐하면 우리의 영혼은 그대로 유지되기 때문입니다.

그러므로 우리가 지금 이 땅에서 말씀을 따라 승리하고 권세 있게 살아가지 못한다면, 천국에서도 큰 상을 받을 수 없습니다. 우리는 이 땅에 살지만 이미 하나님 왕국의 시민이자 하늘에 속한 자이고, 왕국의 원리는 언제나 동일합니다.

우리는 예수님께서 누가복음 19장에서 비유로 말씀하신 바와 같이 다음 세상에서 각자 권세를 받게 되는데, 그것은 내가 이 땅에서 육신 안에 거하는 동안 했던 일을 통해 결정됩니다. 정확히 말하면, 단순히 어떤 업적이나 성과를 기준으로 하는 것이 아니라, 우리가 얼마나 새로운 피조물의 계시 안에서 성장했는지, 그리고 하나님의 말씀을 적용하여 얼마나 많은 것을 취하고 권세를 행사했는지에 따라 내세에서의 위치가 결정되는 것입니다. 이 땅에서 왕국의 원리를 따라 살면서 하나님으로부터 높임을 받고 많은 권세를 취했다면 하늘에서도 마찬가지로 많은 권세를 누리며 살 수 있으며, 반대로 이 땅에서 새로운 피조물로서 아무런 권세도 행사하지 못했다면 천국에서도 권세의 자리에 앉을 수 없습니다. 하나님께서는 훈련되지 않은 사람을 권세의 자리에 결코 앉히실 수 없기 때문입니다.

그러므로 우리는 이 땅에서 사는 마지막 날까지 그리스도 안에서 성장해야 합니다. 이것은 우리에게 주어진 단 한 번의 기회이자 특권입니다. 하나님 앞에 서는 그 순간까지, 우리는 참으로 세월을 아끼면서 하나님께서 우리에게 많은 것을 맡기실 수 있도록 끊임없이 발전하고 성장해야 합니다. 그리고 이러한 발전과 성장에 있어 "존중의 삶"을 실천하는 것은 매우 중요한 부분입니다.

부르심과 택하심

부르심이란 하나님께서 우리를 향해 가지신 계획입니다. 우리는 누구나 자신의 부르심을 갖고 있습니다. 그러나 부르심을 받았다고 해서 그것이 저절로 이루어지는 것은 아닙니다. 우리는 무엇보다 바른 태도를 가지고, 부르신 자리에 합당하도록 스스로를 구비해야만 합니다. 그래야 하나님께서 우리를 택하실 수 있기 때문입니다.

그래서 성경은 부르심을 받은 자는 많지만, 택하심을 받은 자는 적다고 말합니다.

> 마 19:27-30, 20:1-16 (한글킹제임스)
> 그때에 베드로가 대답하여 말씀드리기를 "보소서, 우리는 모든 것을 버려 두고 주님을 따랐나이다. 그러므로 우리가 무엇을 갖게 되겠나이까?"라고 하니, 예수께서 그들에게 말씀하시

기를, … "누구든지 내 이름을 위하여 집이나, 형제나, 자매나, 아버지나, 어머니나, 아내나, 자식이나, 토지를 버린 사람은 일백 배로 받을 것이요 또 영생을 상속받으리라. 그러나 먼저 된 자들로 나중 되고 나중 된 자들로 먼저 될 자들이 많으리라. 천국the kingdom of heaven은 마치 자기 포도원을 위하여 일꾼을 구하러 아침 일찍 나간 집주인과 같으니 그 주인이 일꾼들과 하루 품삯을 한 데나리온으로 정하고 그들을 자기 포도원으로 들여보냈더라. 그가 제삼시경에 나가서, 일하지 않고 장터에서 서성대는 다른 사람들을 보고 그들에게 말하기를 '너희도 포도원으로 가라. 그러면 내가 적절한 대가를 주리라.'고 하니, 그들이 가더라. 주인이 다시 제육시와 제구시에도 나가서 그와 같이 하였고 또 제십일시경에도 나가서, 일하지 않고 서성대는 다른 사람들을 만나서 그들에게도 말하기를 '어찌하여 너희는 여기서 온종일 서성대고 있느냐?'고 하니 그들이 말하기를 '아무도 우리를 고용해 주지 않기 때문이니이다.'라고 하더라. 주인이 그들에게 말하기를 '너희도 포도원으로 가라. 그러면 적절한 대가를 받으리라.'고 하더라. 저녁이 되자, 포도원 주인이 자기 관리인에게 말하기를 '일꾼들을 불러서 나중에 온 사람부터 시작하여 처음에 온 사람까지 품삯을 주라.'고 하더라. 제십일시경에 고용된 자들이 와서 각자 한 데나리온을 받은지라. 처음에 온 자들은 더 받을 줄로 생각했다가 그들도 각자 한 데나리온만 받으니 품삯을 받고 나서 그들이 그 집주인에게 불평하여 말하기를 '마지막에 온 이 사람들은 한 시간만 일하였는데, 당신은 종일 볕에서 짐을 진 우리와 그들을 동등하게 대우하였나이다.' 라고 하니, 주인이 그 중 하나에게 대답하여 말하기를 '친구여, 내가 너에게 부당하게 한 것이 없노라. 네가 나와 한 데나리온으로 정하지 아니하였느냐? 네 몫을 받아서 가라. 나는 마지막에 온 이 자들에게도 너에게 주었던 대로 주리라. 내 것을 가지고 내 뜻대로 하는 것이 잘못이냐? 나의 선함이 네 눈에는 악하게 보이느냐?' 고 하였느니라. 그러므로 나중 된 자들이 먼저 되고 먼저 된 자들이 나중 되리라. 이는 부름을 받은 사람들은 많으나, 택함을 받은 사람들은 적기 때문이라So the last shall be first, and the first last: for many be called, but few chosen."고 하시더라.

이 포도원 일꾼의 비유는 모두 잘 아시는 내용입니다. 이 비유는 "우리가 모든 것을 버리고 주를 따랐는데, 우리는 무엇을 얻게 됩니까?"라는 베드로의 질문에서 시작되었습니다. 예수님께서는 비유의 앞(19:30)과 뒤(20:16)에서 "먼저 된 자로서 나중 되고 나중 된 자로서 먼저 된다"라는 말씀을 반복하심으로써 이 비유의 주제를 언급하고 계십니다. 그리고 마지막에는 "이는 부름을 받은 사람들은 많으나, 택함을 받은 사람들은 적기 때문이라"라고 마무리하심으로써 비유의 핵심을 말씀하십니다. 예수님께서는 이 비유를 통하여, 천국 즉 하나님의 왕국에서 새로운 피조물로서 우리가 가져야 할 바른 태도에 대해 말씀하고자 하신 것입니다.

(흔히 "먼저 된 자가 나중 되고 나중 된 자가 먼저 된다"라는 말을 신앙생활을 늦게 시작한 사람이 더 빨리 성장하여 먼저 믿은 신자를 앞서간다는 뜻으로 이해하곤 합니다. 전적으로 틀린 말은 아니지만, 이 말씀이 놓인 문맥을 잘 살펴보면 예수님의 뜻에 정확히 일치하는 해석은 아님을 발견할 수 있을 것입니다.)

비유를 다시 살펴봅시다. 일꾼들이 각자 다른 시간대에 와서 일을 하다가 날이 저물어 품삯을 받았는데, 모두 같은 삯을 주자 일찍부터 와서 일한 사람들이 주인을 원망합니다. 늦게 온 사람들보다 자신들이 더 많은 돈을 받을 것이라 기대했기 때문입니다. 이에 주인은 "나는 너와 약속한 대로 삯을 주었다. 나는 잘못한 것이 없다."라고 말합니다.

바른 태도를 갖지 못한 사람은 이러한 함정에 빠지기 쉽습니다. 부르심을 완수하기 위해서 우리는 무엇보다 주님께 초점을 맞추어야 합니다. 그분의 말씀을 신뢰하며, 어떤 경우에도 그분은 선하시고 의로우신 분임을 믿어야 합니다. 그런데 비유 속의 일꾼들은 이 부분에서 실패했습니다. 그들은 주인이 합당한 대가를 주는 의로운 자임을 믿고 자신과 주인 사이의 일대일 관계만 바라보아야 했지만, 결국 주인을 신뢰하지 않고 다른 사람과 자신의 대가를 비교함으로써 잘못된 태도와 행동을 드러냈습니다. 마찬가지로 우리도 상황이 나에게 불리하게 흘러가거나 나보다 자격이 없는 사람이 더 큰 상을 받는 것처럼 보일 때, 단지 눈에 보이는 현상에 집중하여 잘못된 태도를 취한다면, 하나님의 부르심을 완수하는 '택함 받은 자'의 자리에는 이를 수 없을 것입니다.

부르심을 받았더라도 그 부르심에 걸맞은 합당한 준비가 되어 있어야만 택함을 받을 수 있습니다. 지금 있는 자리에서 작은 일에 최선을 다하고 한 단계 한 단계 훈련을 통과해 나갈 때, 비로소 최고의 부르심에 이를 수 있게 되는 것입니다. 그리고 거기에서 가장 중요한 것은 바른 태도를 갖추는 일입니다. 이런 뜻에서 성경 말씀은, 부르심을 받은 사람은 많지만 택하심의 자리에 이를 정도로 합당한 심령과 태도를 가진 사람은 많지 않다고 말한 것입니다.

마 22:1-14 (한글킹제임스)
또 예수께서 대답하여 그들에게 다시 비유로 일러, 말씀하시기를 "천국은 마치 자기 아들을 혼인시킨 어떤 왕과 같으니 왕이 혼인 잔치에 초대받은 사람들을 불러오라고 자기 종들을 보냈으나 그 사람들은 오려고 하지 아니 하였느니라. 다시 그가 다른 종들을 보내면서 말하기를 '초대받은 자들에게 말하라. 보라, 내가 만찬을 준비하였고, 내 소와 살진 짐승을 잡았으며, 또 모든 것이 준비되었으니 혼인식에 오라 하라.'고 일렀느니라. 그러나 그들은 개의치 아니하고 어떤 사람은 자기 밭으로, 또 어떤 사람은 장사하러 갔으며 남은 자들은 그 종들을 붙잡아 모욕을 주고 죽였느니라. 왕이 이 말을 듣고 분노하여 자기 군대를 보내어 그 살인자들을 죽이고 그들의 성읍을 불살라 버렸느니라. 그리고 나서 자기 종들에게 말하기를 '혼인 잔치는 마련되었으나 초대받은 사람들은 합당치 않도다. 그러므로 너희는 대로로 나가서 사람들을 만나는 대로 전부 혼인식에 청해 오라.' 고 하였더니 종들이 대로에 나가서, 악하거나 선하거나 만나는 대로 다 불러오니, 그 혼인 잔치가 손님들로 가득 찼느니라. 왕이 손님들을 보러 들어가서, 거기에 예복을 입지 않은 한 사람을 보고 그에게 말하기를 '친구여, 그대는 어찌하여 예복도 입지 않고 여기에 들어왔는가?' 라고 하니, 그가 아무 말도 없었느니라. 그러자 왕이 종들에게 말하기를 '그 사람의 손과 발을 묶어서 데리고 나가 바깥 흑암에 내어 던지라. 거기서 울며 이를 갈고 있으리라.' 고 하였느니라. 부름을 받은 사람들은 많아도 택함을 받은 사람들은 적으니라."고 하시니라.

이 비유에서도 혼인 잔치에 초대 받은 사람은 많았지만, 합당한 사람은 적었습니다. 처음에 초대 받은 사람들은 아예 참석하기를 거절했고, 후에 초대 받아 참석한 사람 중에서도 합당한 예복을 입지 않은 사람들은 쫓겨날 수밖에 없었습니다. 결국 부름 받은 사람은 많았어도, 택함 받은 자리에 이르기에 합당한 우선

순위와 태도를 가진 사람은 적었던 것입니다. 이것이 성경이 우리에게 반복하여 전해 주고 있는 메시지입니다.

다시 말하지만 우리는 모두 부르심을 받았습니다. 그러나 택하심의 자리에 이르기 위해서는 훈련 받고 준비 되어야 하며 그 중 가장 중요한 요소는 바로, 바른 태도를 갖는 것입니다.

천국에서 가장 큰 자는 누구인가?

> 마 18:1-4
> 그 때에 제자들이 예수께 나아와 이르되 천국kingdom of Heaven에서는 누가 크니이까 예수께서 한 어린 아이를 불러 그들 가운데 세우시고 이르시되 진실로 너희에게 이르노니 너희가 돌이켜 어린 아이들과 같이 되지 아니하면 결단코 천국에 들어가지 못하리라 그러므로 누구든지 이 어린 아이와 같이 자기를 낮추는 사람이 천국에서 큰 자니라

여기에서 "천국에서 누가 큰가?"라는 질문은 우리가 이 땅을 떠나 하늘나라에 가면 누가 가장 높은 자리에 앉을 것인지를 묻는 것이 아닙니다. 여기에서 '천국'이란 "하나님의 왕국kingdom of Heaven"을 말하며, 그곳에서 누가 크냐는 것은 왕국 안에서 어떤 사람이 더 큰 권세를 가지는가를 묻는 것입니다. 우리가 왕국에서 더 큰 권세를 가지면, 기도할 때 응답도 잘 되고 말씀을

선포할 때 그대로 역사하는 일들이 일어날 것입니다.

예수께서는 어린 아이와 같이 자기를 낮추는 사람이 더 큰 권세를 가질 것이라고 말씀하셨습니다. 어린 아이들은 성인에 비해 자신만의 주장이나 기준이 없습니다. 그저 엄마 아빠의 말을 믿고 따라갈 뿐입니다. 이렇게 어린 아이와 같이 자아가 없고 순전하게 하나님의 말씀을 따르는 자가 하나님의 왕국에서는 큰 자입니다. 하나님 왕국의 법칙은 세상과 같지 않습니다. 높임이 있기 위해서는 반드시 낮아짐이 있어야 합니다. 특별히 하나님의 말씀의 권위 앞에서는 더욱 그렇습니다.

마 20:20-28

그 때에 세베대의 아들의 어머니가 그 아들들을 데리고 예수께 와서 절하며 무엇을 구하니 예수께서 이르시되 무엇을 원하느냐 이르되 나의 이 두 아들을 주의 나라에서 하나는 주의 우편에 하나는 주의 좌편에 앉게 명하소서 예수께서 대답하여 이르시되 너희는 너희가 구하는 것을 알지 못하는도다 내가 마시려는 잔을 너희가 마실 수 있느냐 그들이 말하되 할 수 있나이다 이르시되 너희가 과연 내 잔을 마시려니와 내 좌우편에 앉는 것은 내가 주는 것이 아니라 내 아버지께서 누구를 위하여 예비하셨든지 그들이 얻을 것이니라 열 제자가 듣고 그 두 형제에 대하여 분히 여기거늘 예수께서 제자들을 불러다가 이르시되 이방인의 집권자들이 그들을 임의로 주관하고 그 고관들이 그들에게 권세를 부리는 줄을 너희가 알거니와 너희 중에는 그렇지 않아야 하나니 너희 중에 누구든지 크고자 하는 자는 너희를 섬기는 자가 되고 너희 중에 누구든지 으뜸이 되고자 하는 자는 너희의 종이 되어야 하리라 인자가 온 것은 섬김을 받으려 함이 아니라 도리어 섬기려 하고 자기 목숨을 많은 사람의 대속물로 주려 함이니라

야고보와 요한의 어머니가 예수님께 구한 것은 사실 모든 제자들의 관심사이기도 했습니다. 이에 예수님께서는 마찬가지로, 크고자 하는 자는 섬기는 자가 되고 으뜸이 되고자 하는 자는 종이 되어야 한다고 말씀하셨습니다. 세상에서는 높은 자리에 앉은 사람이 권세를 휘두르고, 아랫사람들은 그 앞에서 쩔쩔매곤 합니다. 그러나 성경의 원리는 오히려 반대입니다. 왕국에서 높아지기 위해서는 내려가는 길밖에 없습니다. 진정한 존귀는 오직 하나님으로부터만 옵니다. 그리고 하나님께서는 스스로 낮아지기를 선택한 자들을 존귀케 하십니다. 예수님께서 받으신 지극한 높임도, 그분의 지극한 낮아짐과 섬김이 있었기에 가능했던 것입니다.

실제로 섬김은 하나님의 왕국에서 매우 중요한 요소이며, 사역의 기본입니다. 교회 안에서 셀들을 보면 셀원들 사이의 관계나 셀리더의 자질에 특별히 문제가 없는데도 모임이 잘 이루어지지 않는 경우가 있습니다. 이런 경우 대부분은 평소 셀리더의 삶 가

운데 셀원들에 대한 돌봄과 섬김이 약하다는 특징이 있습니다. 셀에서 중요한 것은 모임보다 삶입니다. 셀원들의 일상생활에 관심을 갖고 필요를 채우기보다 단지 주 1회 모임을 잘 인도하는 것에만 초점을 맞추고 있다면, 셀리더로서의 사역을 잘 감당하고 있다고 보기가 어려울 것입니다. 그러므로 사역자의 기본 자질 중 첫 번째는 섬김이며, 섬김이 제대로 되지 않으면 사역은 시작도 되지 않은 것이라고 할 수 있습니다.

눅 14:7-11

청함을 받은 사람들이 높은 자리 택함을 보시고 그들에게 비유로 말씀하여 이르시되 네가 누구에게나 혼인 잔치에 청함을 받았을 때에 높은 자리에 앉지 말라 그렇지 않으면 너보다 더 높은 사람이 청함을 받은 경우에 너와 그를 청한 자가 와서 너더러 이 사람에게 자리를 내주라 하리니 그 때에 네가 부끄러워 끝자리로 가게 되리라 청함을 받았을 때에 차라리 가서 끝자리에 앉으라 그러면 너를 청한 자가 와서 너더러 벗이여 올라 앉으라 하리니 그 때에야 함께 앉은 모든 사람 앞에서 영광이 있으리라 무릇 자기를 높이는 자는 낮아지고 자기를 낮추는 자는 높아지리라

예수님께서는 항상 자연적인 영역의 일들을 통하여 영적인 원리를 알려 주셨습니다. 누가복음 14장에서는 혼인 잔치에서 손님

의 자리를 비유로 들어, 영원한 주인이신 하나님께서 우리를 높은 자리로 옮기시는 것에 대해 말씀하고 계십니다.

위에서 보듯 사람이 스스로 높아진 자리는 언제든지 다시 내려갈 수 있습니다. 그러나 진짜 주인이 오셔서 택한 자를 더 높은 자리로 옮겨주시면, 그는 모든 사람들 앞에서 존귀하게 됩니다. 그렇다면 어떤 사람이 택함을 받게 될까요? "자기를 낮추는 자는 높아지리라" 하나님의 나라에서 높아지기 위해서는 낮아져야만 합니다. 이것은 불변하는 진리입니다. 그러므로 우리는 항상 낮은 자리에서 섬기는 자의 태도를 가져야 합니다.

눅 14:12-14
또 자기를 청한 자에게 이르시되 네가 점심이나 저녁이나 베풀거든 벗이나 형제나 친척이나 부한 이웃을 청하지 말라 두렵건대 그 사람들이 너를 도로 청하여 네게 갚음이 될까 하노라 잔치를 베풀거든 차라리 가난한 자들과 몸 불편한 자들과 저는 자들과 맹인들을 청하라 그리하면 그들이 갚을 것이 없으므로 네게 복이 되리니 이는 의인들의 부활시에 네가 갚음을 받겠음이라 하시더라

이 비유에서는 사람의 동기에 대해서 다루고 있습니다. 지금까지 낸 축의금을 다시 받기 위해서 결혼식에 초대하듯이, 세상에서는 주었으면 그만큼 돌려받는 것을 당연하게 여깁니다. 그

러나 예수님은 갚을 수 없는 사람에게 베풀라고 하십니다. 하나님의 왕국의 원리에 따라 베풀고 심는다면 그것은 반드시 온전한 열매로 돌아옵니다. 그러나 세상이나 사람에게 기대를 품고 잘못된 동기로 베푼다면 거기에는 하나님께서 역사하실 틈이 없습니다. 다만 애초에 기대했던 바와 같이 세상적인 갚음이 있을 뿐입니다.

헌신된 사역자를 위한 권면

또한 누가복음 14장 후반부에는 특별히 사역자로 부름 받은 사람들이 평생 반드시 기억하고 유념해야 할 말씀이 나옵니다.

눅 14:25-35
수많은 무리가 함께 갈새 예수께서 돌이키사 이르시되 무릇 내게 오는 자가 [1]자기 부모와 처자와 형제와 자매와 더욱이 자기 목숨까지 미워하지 아니하면 능히 내 제자가 되지 못하고 [2]누구든지 자기 십자가를 지고 나를 따르지 않는 자도 능히 내 제자가 되지 못하리라 너희 중의 누가 망대를 세우고자 할진대 자기의 가진 것이 준공하기까지에 족할는지 먼저 앉아 그 비용을 계산하지 아니하겠느냐 그렇게 아니하여 그 기초만 쌓고 능히 이루지 못하면 보는 자가 다 비웃어 이르되 이 사람이 공사를 시작하고 능히 이루지 못하였다 하리라 또 어떤 임금이 다른 임금과 싸우러 갈 때에 먼저 앉아 일만 명으로써 저 이만 명을 거느리고 오는 자를 대적할 수 있을까 헤아리지 아니하겠느냐 만일 못할 터이면 그가 아직 멀리 있을 때에 사신을 보내어 화친을 청할지니라 이와 같이 너희 중의 3누구든지 자기의 모든 소유를 버리지 아니하면 능히 내 제자가 되지 못하리라 소금이 좋은 것이나 소금도 만일 그 맛을 잃으면 무엇으로 짜게 하리요 땅에도, 거름에도 쓸 데 없어 내버리느니라 들을 귀가 있는 자는 들을지어다 하시니라

이 구절에서 예수님은 우리가 제자로서 끝까지 승리하기 위해서 반드시 다루어야 할 세 가지에 대해 언급하고 계십니다.

첫 번째 부분은 "자기 부모와 처자와 형제와 자매와 더욱이 자기 목숨까지 미워하지 아니하면 능히 내 제자가 되지 못하고"입니다(26절). 이는 말 그대로 가족을 미워하라거나, 가족에 대한 책임을 뒤로 하고 사역에만 집중하라는 의미는 아닙니다. 여기에서 다루는 것은 우선순위의 문제입니다. 하나님 앞에 헌신된 자로서 우리 모두는 우선순위를 분명히 하고 결단하는 시점을 맞게 될 것입니다. 예를 들어 자신의 목숨이 위협받거나, 또는 자녀를 잃는 상황이 되더라도 우리는 하나님이 선하신 분인 것과 그분의 말씀이 진리인 것을 의심하지 않을 수 있어야 합니다. 물론 하나님은 일부러 우리에게 그런 불행을 주시는 분이 아닙니다. 다만 그런 중심을 가진 자라야 그분의 제자가 될 수 있다는 것입니다.

두 번째는 "자기 십자가를 지고 나를 따르지 않는 자도 능히 내 제자가 되지 못하리라"입니다(27절). 우리의 육신은 십자가에서 이미 그리스도와 함께 못 박혔습니다. 그러나 그럼에도 불구하고 예전에 가지고 있던 육신적인 생각, 습관, 감정 등이 여전히 나타나곤 합니다. 그럴 때 우리는 그리스도 안에서 내가 누구인지 인식하고 마음을 새롭게 해야 합니다. 우리 안의 거듭난 영의 본성으로 혼과 육을 제어하고 변화시키면서 그리스도를 닮아가는 것입니다. 그것이 우리의 방향입니다. 특히 사역자로서 이 부분에 실패하면 성도는 물론 많은 불신자들에게 악영향을 미치고 그들로 하여금 복음을 받아들이지 못하게 하는 걸림돌이 될 수 있습니다.

마지막은 "누구든지 자기의 모든 소유를 버리지 아니하면 능히 내 제자가 되지 못하리라"입니다(33절). 이는 단순히 가진 것을 다 버리라는 의미가 아니라, 물질과 소유에 대한 우리의 태도를 다루는 내용입니다. 세상 사람들은 물질을 최고의 가치로 삼아 신처럼 섬기며 살아갑니다. 그러나 우리는 물질을 위해 사는 것이 아니라, 물질을 통치하며 그것이 우리 삶에서 있어야 할 그 자리에 있게 해야 합니다. 하나님께서는 우리가 그의 나라와 의를 구하면 필요한 의식주를 모두 공급하겠다고 약속하셨습니다. 이 약속을 신뢰하기 때문에, 우리는 물질중심적인 삶에서 벗어나 주 안에서 자유를 누릴 수 있습니다. 그래서 사도 바울도 복음을 아는 지식 외에 자신이 가진 배경이나 조건 모두를 배설물로 여긴다고 담대하게 고백할 수 있었던 것입니다.

　28-32절과 34-35절에서는, 이 세 가지를 해결하지 않은 상태에서 예수님의 제자가 된다고 할 경우 어떤 결과가 나타날지에 대해 말씀하십니다. 우리가 제자로서 치러야 할 값을 치르지 않고 그에 걸맞은 모습으로 합당하게 변화되어 가지 않으면, 마치 짓다만 건물처럼 흉한 모습으로 남아 사람들의 비웃음을 사고, 또한 미련하게 전쟁에 나선 왕처럼 비참한 패배를 맞게 된다는 것입니다. 또한 예수님께서는 우리를 세상의 소금으로 부르셨지만(마 5:13), 이 세 가지가 준비되지 않는다면 결국 맛을 잃어 아무 쓸모가 없게 될 것이라고 말하고 있습니다.

　이와 같이 성경 말씀은 우리에게 완벽한 지시를 주십니다. 사탄은 이 땅에 사는 동안 우리를 여러 가지 방법으로 방해하려 합니다. 이에 대해 무방비 상태로 있다면 그리스도인이라 할지라도 그 속임수에 넘어지게 될 것입니다. 그러나 사탄의 전략은 이미 하나님의 말씀에 모두 노출되어 있습니다. 그러므로 우리가 말씀을 정확히 알고 붙든다면 사탄의 어떤 공격에도 영향 받지 않고 승리하는 제자의 삶을 살 수 있습니다.

　우리 모두는 각자 다양한 모습을 가지고 있고 그 중에는 약한 부분도 있습니다. 이는 사역자라 해도 마찬가지입니다. 중요한 것은 약함 자체가 아니라, 지속적으로 성장하고 있는가의 여부입니다. 우리의 유일한 경쟁 상대는 다른 누군가가 아니라 어제의 나입니다. 다른 사람과 비교하면 아직 부족해 보이더라도, 나 자신이 어제보다 오늘 더 발전하고 있다면 문제될 것이 없습니다. 하나님은 우리를 너무나도 높이기 원하십니다. 우리가 바른 중심을 가지고 끊임없이 성장하기로 결단한다면, 하나님께서 우리를 향해 예비하신 최고의 부르심은 반드시 이루어질 것입니다.

Life of Honor 2

존중하는 삶의 태도

태도가 삶을 결정한다

　바른 태도는 우리의 인생을 바른 방향으로 인도하는 매우 중요한 요소입니다. 간혹 성도 중에 주변 사람들과 계속해서 문제를 일으키는 분들이 계십니다. 그분들은 본인은 잘못한 것이 없는데 왜 자꾸 사람들과 사이가 나빠지고 일이 안 풀리는지 이유를 모르겠다고 말씀하십니다. 그러나 태도는 영에서부터 나는 것이며, 모든 것은 본인의 중심에서 시작됩니다. 바른 태도를 갖고 계속 성장하겠다고 스스로 결단하지 않는다면, 당신이 처한 환경은 결코 변하지 않을 것입니다.

　당신의 태도는 당신이 얼마나 성공할 수 있는지, 그리고 당신이 얼마나 영향력 있고 가치 있는 인생을 살 수 있는지를 결정합니다. 그래서 영어 표현에 "Your attitude will determine your altitude."라는 말이 있습니다. 즉, 내가 가진 태도가 내가 도달하는 높이를 결정한다는 뜻입니다. 좋은 태도를 가진 사람은 지속적으로 상승합니다. 그러나 그렇지 않은 사람은 특정 지점에서 반드시 멈춰 서게 됩니다.

우리는 일을 할 때, 말을 하고 들을 때, 또는 어떤 사건에 대해 반응할 때와 같은 여러 다양한 상황들을 통해 그 사람의 태도를 확인할 수 있습니다. 예를 들어, 원하는 바는 문제가 없지만 그것을 표현하는 방식이 잘못되어 자신의 의도를 제대로 전하지 못하고 오히려 오해를 사는 사람이 있습니다. 이런 사람은 자신이 원하는 것을 다른 사람에게 이해시키고 실행하게 하는데 실패함으로써 영향력을 확장할 수 있는 발판을 잃게 됩니다.

그런가 하면 무슨 말이든지 부정적으로 해석하는 사람도 있습니다. 예전에 저희 교회의 부목사님께서 성령 인도에 따라 독립하여 교회를 개척하신 일이 있었습니다. 그런데 새가족 한 분께서 다른 사역자에게 묻기를, 무슨 안 좋은 일 때문에 그 목사님께서 나가신 것이냐고 말씀하셨다고 합니다. 그래서 성령 인도를 받고 동의하에 개척하신 것이라고 사실대로 설명을 드렸는데도 계속 미심쩍어 하시더라는 이야기를 들었습니다. 그분은 아마도 다른 교회에서 겪은 경험을 통해서, 부교역자가 교회를 떠나는 이유는 교회 안에 문제가 생겨서라는 잘못된 고정관념을 갖게 되셨을 것입니다. 이처럼 우리는 부정적인 경험이나 과거에 받은 상처를 통해 잘못된 사고방식을 체득하게 되는데, 이런 것들이

굳어지면 우리 영의 태도에까지 영향을 미치게 됩니다.

  똑같은 일인데도 어떤 사람은 긍정적으로 받아들이는 반면, 어떤 사람은 비판부터 하고 봅니다. 그러한 반응들이 우리의 인생을 성공으로 이끌 수도 있고 실패로 이끌 수도 있습니다. 사람들은 보통, 자신이 어떤 경험을 기억할 때 마치 비디오카메라로 찍은 것처럼 오감으로 접수된 일련의 사건 정황을 객관적으로 머리에 저장하고 있다고 믿습니다. 그러나 실제로 우리 머리에 남아있는 것은 객관적인 사실이 아니라 그 사건에 대한 본인의 해석이라고 합니다. 즉 본인의 사고의 틀 안에서 필요한 부분만 모아 사건을 이해하면서 그것이 사건의 본질인줄 알고 착각하며 살아간다는 것입니다. 그러므로 결국 어떤 일이 일어났느냐보다 그 일을 어떻게 해석하느냐가 우리에게 더 큰 영향을 미치게 됩니다.

  새로운 피조물은 밖으로부터 이유를 찾지 않습니다. 왜냐하면 우리는 상황을 바꿀 능력을 가진 자이기 때문입니다. 그러나 잘못된 태도를 가진 사람들은 모든 문제의 원인을 바깥으로 돌립니다. 이는 영원히 빠져나올 수 없는 구렁텅이 안에 있는 것과 같습니다. 문제가 나에게 있다면 스스로 교정할 수 있지만, 남이 문제라면 내가 그 사람의 마음을 조종하여 바꿀 수는 없기 때문입니다. 이런 면에서, 실패하는 사람들은 실력이 없어서라기보다는 태도가 잘못된 경우가 대부분입니다.

  다시 말하지만 태도는 우리의 영에서부터 나오는 것입니다. 우리의 삶을 결정하는 것은 환경도 상황도 다른 사람도 아닌 우리의 태도입니다. 나의 태도가 나의 말과 행동과 생각과 선택을 결정함으로써 인생의 방향을 결정하게 됩니다.

결국 우리는 성경으로 돌아가야 합니다. 존중하는 삶을 살기 위해서는 가장 먼저 하나님의 진리를 최우선 순위에 두어야 합니다. 모든 것을 하나님의 말씀의 기준에 따라 바라보고, 말씀에 비추어 참된 것이 나타났을 때는 과감하게 추구하기도 해야 합니다. 이것이 바로 끊임없는 성장의 비결입니다.

침례 요한의 태도

우리가 가져야 할 태도를 가장 잘 보여주신 최고의 모범은 예수님이십니다. 그러나 여기에서는 성경에서 바른 태도를 가졌다고 직접적으로 언급한 다른 믿음의 선배들의 예를 통해, 그들의 특징이 무엇인지 살펴보겠습니다.

먼저 침례 요한입니다.

> 마 11:7-11
> 그들이 떠나매 예수께서 무리에게 요한에 대하여 말씀하시되 너희가 무엇을 보려고 광야에 나갔더냐 바람에 흔들리는 갈대냐 그러면 너희가 무엇을 보려고 나갔더냐 부드러운 옷 입은 사람이냐 부드러운 옷을 입은 사람들은 왕궁에 있느니라 그러면 너희가 어찌하여 나갔더냐 선지자를 보기 위함이었더냐 옳

다 내가 너희에게 이르노니 선지자보다 더 나은 자니라 기록된 바 보라 내가 내 사자를 네 앞에 보내노니 그가 네 길을 네 앞에 준비하리라 하신 것이 이 사람에 대한 말씀이니라 내가 진실로 너희에게 말하노니 여자가 낳은 자 중에 세례 요한보다 큰 이가 일어남이 없도다 그러나 천국the kingdom of heaven에서는 극히 작은 자라도 그보다 크니라

침례 요한은 가장 많은 표적과 기사를 행한 사람은 아니었습니다. 사람의 눈으로 보기에는 더 크고 위대한 일을 행한 다른 선지자들이 많이 있었습니다. 그러나 예수님께서는 그를 "선지자보다 더 나은 자"이자 "여자가 낳은 자 중에 가장 큰 자"라고 하셨습니다. 즉 예수님께서 살아 계셨던 당시의 역사를 통틀어 침례 요한만큼 큰 자가 없다고 하신 것입니다.

그런데 이어서 예수님께서는 하나님의 나라에서는 가장 작은 자도 침례 요한보다 크다고 말씀하셨습니다. 신약에서 하나님의 왕국인 시온에 태어난 새로운 피조물들은 구약 성도들과는 비교할 수 없는 영광 가운데 살아가기 때문입니다.

요 3:22-30
그 후에 예수께서 제자들과 유대 땅으로 가서 거기 함께 유하시며 세례[침례]를 베푸시더라 요한도 살렘 가까운 애논에서 세례를 베푸니 거기 물이 많음이라 그러므로 사람들이

와서 세례를 받더라 요한이 아직 옥에 갇히지 아니하였더라 이에 요한의 제자 중에서 한 유대인과 더불어 정결예식에 대하여 변론이 되었더니 그들이 요한에게 가서 이르되 랍비여 선생님과 함께 요단 강 저편에 있던 이 곧 선생님이 증언하시던 이가 세례를 베풀매 사람이 다 그에게로 가더이다 요한이 대답하여 이르되 만일 하늘에서 주신 바 아니면 사람이 아무 것도 받을 수 없느니라 내가 말한 바 나는 그리스도가 아니요 그의 앞에 보내심을 받은 자라고 한 것을 증언할 자는 너희니라 신부를 취하는 자는 신랑이나 서서 신랑의 음성을 듣는 친구가 크게 기뻐하나니 나는 이러한 기쁨으로 충만하였노라 그는 흥하여야 하겠고 나는 쇠하여야 하리라 하니라

당시 침례 요한은 침례라는 의식을 행하는 것 때문에 독특한 존재로 여겨졌습니다. 물론 구약에서도 손을 씻거나 피를 뿌리는 등의 여러 가지 의식이 있었지만, 온 몸을 물에 담갔다가 꺼내는 침례를 행한 것은 그가 처음이었습니다. 말하자면 침례는 요한의 상징이자 트레이드마크와 같은 것이었습니다. 그래서 그의 이름에 '침례자 the Baptist'라는 칭호가 붙었던 것입니다.

그런데 예수께서 그의 제자들에게 침례를 주시는 일이 일어납니다(22절). 이에 요한의 제자들은 예수가 침례를 행하여 많은 사람들이 그에게 가고 있다고 요한에게 고했습니다. 그러나

침례 요한은 제자들의 분위기에 동요되지 않고, 다만 "나는 그리스도가 아니요 그의 앞에 보내심을 받은 자"라고 말합니다(28절). 하나님과의 관계에서 자신이 감당해야 할 몫과 자신의 위치를 정확히 알고 있었던 것입니다. 그는 단지 그 일을 수행할 뿐, 예수님과 자신을 비교하면서 자신의 상징을 빼앗겼다고 화내지 않았습니다. 그리고 그는 이어서 이렇게 말했습니다. "나는 기쁨으로 충만하였노라, 그는 흥하여야 하겠고 나는 쇠하여야 하리라."

사실 침례 요한은 예수님에 대해서 현재 우리가 알고 있는 수준만큼 확실히 알지 못했습니다. 심지어 나중에는 예수님께 자기 제자들을 보내서 "당신이 오실 그분이 맞습니까?"라고 확인할 정도였습니다(마 11:1-19, 눅 7:18-23). 그는 다만 성령께서 그 위에 임하여 머무시는 분이 메시야라는 계시를 하나님으로부터 받았기에(요 1:32-34), 그 장면을 보고 예수께서 그분이심을 알아보았을 뿐입니다. 그럼에도 불구하고, 그는 그리스도가 오신 것을 알았을 때 그분을 위해 자신이 있어야 할 자리가 어디인지 알고 물러서기를 기뻐하였습니다. 하나님께서 주신 계시와 부르심의 한계를 넘지 않고 정확히 정로를 지키며 살았던 것입니다.

이러한 태도는 어디에서 비롯된 것입니까? 바로 하나님의 성품과 말씀에 대한 신뢰에서 비롯된 것입니다. 하나님께서는 선하고 의로우신 분이므로, 그분이 한 데나리온을 약속하셨다면 그것이 나에게 합당한 보상임을 철저히 믿는 것입니다. 다른 사람과는 비교할 것이 없습니다. 요한도 하나님께서 크게 쓰시기로 정한 사람이었기 때문에 나름대로 강한 훈련을 많이 받았습니다. 그도 하나님께서 계획하신 훈련을 통하여 택하신 자리에까지 이르렀던 것입니다. 그런데 요한이 예수님과 비교하면서 자기보다 빠른 시간에 하나님께서 택하신 권세의 자리에 오른다고 불평했다면, 그는 결코 자신을 위해 마련된 최고의 자리에 도달하지 못했을 것입니다.

하나님은 반드시 낮아지는 길을 통해서만 높이십니다. "그는 흥하여야 하겠고 나는 쇠하여야 하리라." 그리스도께서 오실 길을 예비하는 것이 자신의 역할임을 정확히 알았기에, 때가 왔을 때 요한은 그는 높아져야 하고 나는 낮아져야 한다고 기꺼이 고백할 수 있었습니다. 그리고 이러한 태도로 인해 그는 예수님으로부터 '가장 큰 자'라는 인정을 받았습니다.

모세의 태도

성경에서는 모세를 가리켜 "이 사람 모세는 온유함이 지면의 모든 사람보다 더하더라"(민 12:3)라고 말합니다. 이 구절을 NIV 영어 성경에서는 "Moses was a very humble man, more humble than anyone else on the face of the earth." 즉 "모세는 겸손한 사람으로, 이 땅의 그 누구보다도 겸손하다."

라고 적고 있습니다. 다음 장에서 더 자세히 다루겠지만, 성경에서 말하는 겸손의 의미는 "자신의 길에서 물러서 하나님께 순복하는 것"을 의미합니다. 우리는 성경 곳곳에서 모세의 그런 면모를 찾아 볼 수 있습니다.

> 출 32:7-14
> 여호와께서 모세에게 이르시되 너는 내려가라 네가 애굽 땅에서 인도하여 낸 네 백성이 부패하였도다 그들이 내가 그들에게 명령한 길을 속히 떠나 자기를 위하여 송아지를 부어 만들고 그것을 예배하며 그것에게 제물을 드리며 말하기를 이스라엘아 이는 너희를 애굽 땅에서 인도하여 낸 너희 신이라 하였도다 여호와께서 또 모세에게 이르시되 내가 이 백성을 보니 목이 뻣뻣한 백성이로다 그런즉 내가 하는 대로 두라 내가 그들에게 진노하여 그들을 진멸하고 너를 큰 나라가 되게 하리라 모세가 그의 하나님 여호와께 구하여 이르되 여호와여 어찌하여 그 큰 권능과 강한 손으로 애굽 땅에서 인도하여 내신 주의 백성에게 진노하시나이까 어찌하여 애굽 사람들이 이르기를 여호와가 자기의 백성을 산에서 죽이고 지면에서 진멸하려는 악한 의도로 인도해 내었다고 말하게 하시려 하나이까 주의 맹렬한 노를 그치시고 뜻을 돌이키사 주의 백성에게 이 화를 내리지 마옵소서 주의 종 아브라함과 이삭과 이스라엘을 기억하소서 주께서 그들을 위하여 주를 가리켜 맹

세하여 이르시기를 내가 너희의 자손을 하늘의 별처럼 많게 하고 내가 허락한 이 온 땅을 너희의 자손에게 주어 영원한 기업이 되게 하리라 하셨나이다 여호와께서 뜻을 돌이키사 말씀하신 화를 그 백성에게 내리지 아니하시니라

이스라엘 민족이 패역하여 우상을 숭배하자 하나님께서는 크게 화가 나셨습니다. 그래서 그 민족을 멸망시키고 모세를 통해 새로운 민족을 세우시겠다고 말씀하셨습니다. 아브라함의 하나님이 이제 '모세의 하나님'이 될 수 있는 기회가 온 것입니다.

그러나 이때 모세는 하나님께 조금의 망설임도 없이 그러시면 안 된다고 말하면서, 오히려 아브라함과 이삭과 야곱과 맺으셨던 언약을 상기시켜 드리고 하나님을 진정시킵니다. 이제 본인을 시작으로 새로운 역사를 쓸 수 있는 기회였지만, 모세는 자기가 높이 올라가고 크게 쓰임 받는 것에는 관심을 두지 않고 하나님 왕국의 전체적인 유익을 위해 자신이 있어야 할 자리를 고수했습니다. 또한 그는 하나님 아버지의 심령 가운데 있는 이스라엘 백성에 대한 사랑을 알았고, 그 자신도 지도자로서 이스라엘 백성을 사랑했기 때문에 그들을 보호했습니다.

출 32:31-32
모세가 여호와께로 다시 나아가 여짜오되 슬프도소이다 이 백성이 자기들을 위하여 금 신을 만들었사오니 큰 죄를 범하

였나이다 그러나 이제 그들의 죄를 사하시옵소서 그렇지 아니하시오면 원하건대 주께서 기록하신 책에서 내 이름을 지워 버려 주옵소서

그 후 얼마 지나지 않아 이스라엘 백성이 같은 잘못을 또 저질렀을 때에도, 모세는 자신이 하나님의 생명에서 끊어지는 한이 있어도 이들을 용서해 달라고 말합니다.

아시다시피 모세가 이스라엘 백성으로 인해 받은 괴로움은 이것뿐이 아니었습니다. 친형제자매를 포함한 여러 사람이 자신에게 대적했고, 심지어 회중에게 돌로 맞을 뻔한 적도 있었습니다.

그러나 모세는 자신의 위치와 역할이 무엇인지 잊지 않았습니다. 그는 이스라엘 민족의 울부짖음의 결과로, 그들을 애굽 땅에서 구해내기 위해 하나님께서 보내신 사람이었습니다. 그러므로 모세의 사명은 그들을 이끌고 가나안 땅으로 들어가는 것이었습니다. 모세가 만약 그 일에 실패했다면 그는 모든 일에 실패한 것과 마찬가지였을 것입니다. 이를 정확히 알고 있었기에, 하나님께서 이스라엘 민족을 심판하겠다고 말씀하실 때에도 모세는 흔들림 없이 대처했습니다.

모세의 경우와 같이, 교회 안에서 영적 리더로 섬기다 보면 나름대로 열심히 하고 있는데도 어린 지체들이 부정적으로 반응하고 반대하는 경우가 있습니다. 이때, 우리는 사람이 아닌 하나님께 초점을 맞추어야 합니다.

우리의 섬김에는 두 가지 방향이 있습니다. 하나는 하나님을 섬기는 것이고, 또 하나는 사람을 섬기는 것입니다. 둘 중에서 우선시되어야 할 것은 하나님을 섬기는 것입니다. 예수님께서도 "마음과 목숨과 뜻을 다하여 하나님을 사랑"하는 것이 첫째 계명이고, "네 이웃을 네 몸과 같이 사랑"하는 것이 둘째 계명이라고 말씀하셨습니다. 우리가 사람을 섬기는 이유는 그것이 하나님께서 기뻐하시는 일이기 때문입니다. 다시 말해 하나님을 사랑하기 때문에 그분이 기뻐하시는 일인 '사람 섬기는 일'을 하는 것입니다. 그러므로 결국 사람에 대한 섬김은 하나님에 대한 섬김으로부터 비롯되는 것입니다.

사람들이 어떤 말을 하더라도, 그 말이 내 삶의 방향을 결정짓게 해서는 안 됩니다. 하나님의 말씀 앞에서 나의 방향과 동기를 점검했을 때 문제되는 것이 없다면, 주위의 반응이 어떠하든지 크게 상관하지 않아도 됩니다. 단지 눈앞에 나타나는 부정적인 반응 때문에 우리의 방향 자체를 수정할 필요는 없습니다. 물론 그들은 우리가 섬기는 대상이므로 사람들의 의견에 어느 정도는 귀를 기울여야 합니다. 그러나 그것이 우리의 방향을 결정할 정도로 중요한 것은 아닙니다. 이런 부분에서 우선순위를 정확히 하지 않으면 매사에 사람들의 반응에 의해 이랬다저랬다 휘둘리기 쉽습니다.

예수님께서는 "나는 포도나무요 너희는 가지라"라고 말씀하셨습니다. 가지는 나무에게서 영양분을 공급받아야 정상적으로 자라날 수 있습니다. 마찬가지로 하나님께 근원을 확실히 두지 않고, 사람들을 향해 뻗어나가려고만 한다면 결국 소진될 수밖에 없습니다. 다시 말해, 하나님에 대한 섬김이 잘 이루어지는 상태에서 사람들을 섬겨야 온전한 공급 가운데 사역할 수 있다는 것입니다. 그러므로 우리는 먼저 포도나무의 수액을 받아들여서, 그것을 바깥으로 흘려보내야 합니다. 그럴 때 우리는 건강한 열매를 더 많이 맺을 수 있을 것입니다.

일을 추진하는 과정에서 다양한 환경과 사람들의 반응이 돌출하여 마음을 뒤흔들 때, 우리는 모든 것을 접어두고 우선 하나님께서 나에게 주신 부르심에 다시 집중해야 합니다. "이 일이 하나님께서 지금 나에게 시키신 일인가?", "그렇다면 나는 그 일을 바른 동기로 수행하고 있는가?" 스스로에게 이러한 질문을 했을 때 심령에 거리끼는 것이 없는지 점검해 보십시오. 만약 걸리는 것이 있다면, 먼저 나의 심령 안에서부터 그 문제를 바로 잡고 태도를 교정해야 할 것입니다. 그러나 특별한 거리낌이 없다면, 지금 눈앞에 보이는 문제들은 일을 추진하는 과정에서 흔히 일어날 수 있는 잡음이므로 현장에서 해결하면 될 것입니다.

이 일이 하나님께서 나에게 맡기신 일이 분명하다면, 우리는 환경과 상관없이 결코 포기할 수가 없습니다. 어렵고 불가능해 보이고 계속 방해가 있어도 전진해야 합니다. 그리고 이러한 중심과 방향을 가질 때 하나님께서는 분명히 당신을 도우시고 높여주실 것입니다.

침례 요한과 모세는 공통적으로, 하나님의 왕국 안에서 자신의 역할이 무엇인지 정확하게 인식하고 행동했습니다. 열두 제자들이 예수님의 옆 자리를 두고 신경전을 벌였던 것처럼, 우리도 영적으로 어린 아이일 때는 이왕이면 나를 사용해 달라고 하나님께 떼를 쓰기도 합니다. 그러나 신앙이 성장할수록, 단지 남보다 더 높은 자리를 차지하는 것보다 '내가 있어야 할 그 자리'를 지키는 것이 하나님의 왕국 안에서는 더 중요하다는 것을 깨닫게 됩니다. 나는 낮아져야 하고 그는 높아져야 한다는 침례 요한의 고백을 내 것으로 삼고, 내가 있어야 할 자리를 충실하게 지키는 것, 그것이 하나님의 왕국에게나 나에게나 가장 온전한 길이며 가장 잘 되는 길입니다. 위의 두 사람은 모두 그것을 철저하게 알았던 사람들입니다.

새로운 피조물의 태도

태도의 중요성은 아무리 강조해도 지나치지 않습니다. 성경은 "모든 지킬 만한 것 중에 더욱 네 마음heart;심령을 지키라 생명의 근원이 이에서 남이니라"(잠 4:23)라고 말합니다. 우리의 태도도 심령에서 비롯됩니다. 그러므로 우리는 경험이나 세상적인 정보들이 우리의 심령과 태도에 악영향을 미치지 않도록 항상 주의해야 합니다. 이런 면에서 성경은 새로운 피조물인 우리가 가져야 할 몇 가지 중요한 태도들에 대해 말하고 있습니다.

1 영혼 구원의 태도

모든 그리스도인이 이 땅에 존재하는 근본적인 이유는 영혼 구원입니다. 각자 방법과 역할은 다양할 수 있습니다. 그러나 무슨 일을 하든 그 초점은 영혼 구원에 맞추어져 있어야 합니다. 만약 당신이 해적선에 타고 있다면, 밥을 해도 해적 일을 위한 것이고, 기관실에서 일을 해도 해적 일을 위한 것입니다. 마찬가지로 우리가 영혼 구원에 초점을 맞추고 산다면, 자녀를 키우든, 사업을 하든, 사역을 하든, 모두가 영혼 구원을 위한 일로 사용될 수 있습니다.

> 빌 1:27
> 오직 너희는 그리스도의 복음에 합당하게 생활하라 이는 내가 너희에게 가 보나 떠나 있으나 너희가 한마음으로 서서 한 뜻으로 복음의 신앙을 위하여 협력하는 것과

우리는 우리의 행위가 항상 그리스도의 복음에 합당하도록 주의해야 합니다. 지금 당장 전도하여 예수님을 믿도록 인도하지는 못한다 하더라도, 상대방이 나와의 만남을 통하여 어떻게든 그리스도께로 한 걸음 더 가까워질 수 있어야 합니다.

그런데 뒷부분을 보면, 복음의 신앙을 위하여 '각자' 일하라고 하지 않고 "한마음으로 서서 한 뜻으로 협력하라"라고 말하고 있습니다. 혼자 영혼을 구원하는 것은 아무 소용없다는 뜻이 아닙

니다. 다만 이 말씀에서는 단체적인 흐름의 중요성을 이야기하는 것입니다.

우리는 개인주의적인 문화에 익숙하여서, 하나님 앞에서도 나 자신의 노력과 성과에 초점을 맞추는 경향이 있습니다. 그러나 "나만 잘하면 돼." 또는 "내가 더 잘 해야지."라는 것은 그리스도인이 품을만한 생각이 아닙니다. 하나님의 왕국에는 이런 이기적인 태도가 있을 수 없습니다. 그리스도인에게는 언제나 '우리'와 '함께'가 중요합니다. 나중에 하나님 앞에 설 때, 하나님께서는 우리 자신이 얼마나 많은 일을 했는지를 보시는 것이 아니라, 우리가 한 일들이 하나님 왕국의 확장에 얼마나 기여했는지를 보십니다.

그러므로 영혼 구원에 초점을 맞추고, 내가 있어야 할 자리에서 온전히 기능하면서 다른 지체들과 함께 왕국을 확장시키는 것이 새로운 피조물인 우리가 취해야 할 삶의 태도이자 방향입니다.

골 3:17
또 무엇을 하든지 말에나 일에나 다 주 예수의 이름으로 하고 그를 힘입어 하나님 아버지께 감사하라

고전 10:31-33
그런즉 너희가 먹든지 마시든지 무엇을 하든지 다 하나님의

영광을 위하여 하라 유대인에게나 헬라인에게나 하나님의 교
회에나 거치는 자가 되지 말고 나와 같이 모든 일에 모든 사
람을 기쁘게 하여 자신의 유익을 구하지 아니하고 많은 사람
의 유익을 구하여 그들로 구원을 받게 하라

그리스도인은 무엇을 먹고 마시든지, 무엇을 말하고 어떤 일을 하든지 주 예수의 이름으로 하며 하나님의 영광을 위하여 해야 합니다. 그 이유는 너무나 분명합니다. "그들로 구원을 받게 하라" 하나님께서 우리를 통해 받으실 최고의 영광은 잃어버린 영혼이 돌아오는 것입니다.

이와 같이 서신서 곳곳에서는 그리스도인이 지켜야 할 삶의 원칙과 방향에 대해서 이야기하고 있습니다. 그런데 그 끝에는 항상 복음이 막히지 않게 하려는 목적이 있는 것을 볼 수 있습니다.

롬 12:2
너희는 이 세대를 본받지 말고 오직 마음mind을 새롭게 함으
로 변화를 받아 하나님의 선하시고 기뻐하시고 온전하신 뜻
이 무엇인지 분별하도록 하라

우리는 그리스도인으로서 생각을 새롭게 함으로써 변화를 받아서, 세상이 제시하는 기준이 아닌 하나님의 선하시고 기뻐하시고 온전하신 뜻, 다시 말해 그분이 주시는 목적과 방향을 따라 살

아야 합니다. 그리고 그 중에서 가장 근본적이며 우선이 되는 방향은 바로 영혼 구원입니다.

② 사랑의 태도

사랑은 거듭난 하나님의 자녀가 당연히 가져야 할 태도입니다. 우리는 하나님의 형상으로 지어진, 사랑이신 하나님의 사랑받는 자녀이기 때문입니다. 우리의 심령에는 이미 하나님의 아가페 사랑이 부어졌으며(롬 5:5), 그 사랑을 풀어낼 수 있는 능력도 있습니다. 사랑은 우리의 본성입니다.

위에서 언급한 영혼 구원의 태도는 눈에 보이는 상대, 특히 불신자에게 어떤 영향력을 미치는가에 대한 문제입니다. 반면 사랑의 태도는 보이는 상대가 있든지 없든지, 하나님 앞에서 새로운 피조물의 본성대로 합당하게 살아가는 것에 대한 문제입니다.

> 갈 5:22-24
>
> 오직 성령의 열매the fruit of the Spirit[거듭난 인간의 영의 열매]는 사랑과 희락과 화평과 오래 참음과 자비와 양선과 충성과 온유와 절제니 이같은 것을 금지할 법이 없느니라 그리스도 예수의 사람들은 육체와 함께 그 정욕과 탐심을 십자가에 못 박았느니라

위의 말씀에서 성령으로 번역된 단어는 "거듭난 우리의 영"으

로 보는 것이 맞습니다.[2] 거듭난 우리의 영은 당연히 사랑의 열매를 맺어야 합니다. 이를 방해하는 육체의 정욕과 탐심은 이미 십자가에 못 박혔습니다. 이제 우리는 육신을 따라 사는 사람이 아니라, 성령을 따라 사는 사람입니다.

물론 살다보면 육신적인 반응이 일어날 수 있습니다. 그러나 우리는 그것에 의해 행동하지 않고 그리스도인으로서 취해야 할 반응을 선택해야 합니다. 그렇게 지속적으로 사랑을 선택하고 사랑으로 행하기를 훈련하다보면 어느새 우리의 감정이 온전하게 기능하기 시작할 것입니다.

우리가 어린 아이 그리스도인일 때는 감정의 방해를 많이 받을 수 있습니다. 새로운 본성을 가진 자답게 용서하며 살기 원하면서도, 상대의 부정적인 행동에 맞닥뜨리면 나도 모르게 감정이

---

[2] [참고 자료] "갈 5:22-23의 성령의 열매(the fruit of the spirit)라고 번역된 단어는 성령의 열매(the fruit of the Holy Spirit)가 아닙니다. 성령님은 열매를 만들어내지 않습니다. 예수께서는 '나는 포도나무요 너희는 가지라'(요 15:1-8)고 말씀하셨습니다. 열매는 가지에서 자라며, 우리가 바로 가지입니다. 그러므로 이 영의 열매(the fruit of the spirit)는 우리의 삶에서, 우리 안에 있는 그리스도의 생명으로 인해 자라나는 거듭난 우리 영의 열매를 가리킵니다! … 그리스어로는 영(spirit)이라는 단어 하나밖에 없으며, 영이라는 단어 앞에 '거룩한(Holy)'이라는 단어가 없다면, 그것이 사람의 영을 말하는지, 성령을 말하는지 문맥으로 결정해야 합니다. 바울은 여기에서 주로 사람의 영에 대해 말하고 있습니다." 케네스 E. 해긴, 『방언, 오순절 다락방 경험을 넘어』(믿음의 말씀사), pp.234-235.

제일 먼저 불쑥 일어나 버립니다. 이에 대해 데이브 로버슨 목사님께서는 사람에게 의지보다 훨씬 강한 것이 감정이라고 하시면서, 이를 다스리기 위해서 경배 기도를 많이 하라고 권면하셨습니다. 오직 하나님의 임재만이 우리로 하여금 감정을 제어할 수 있게 해주기 때문입니다.

하나님의 말씀 안에 있는 우리는 항상 "사랑"을 선택합니다. 이것을 연습하면 연습할수록 그 범위가 점점 더 확장되어, 마침내 모든 것을 주님의 눈으로 보고 주님의 마음으로 느끼는 경지에 이르게 됩니다. 그럴 때 우리의 감정은 하나님의 뜻을 따르는데 방해가 되는 적이 아니라, 오히려 돕는 요소로 기능하게 됩니다. 이런 사람은 하나님께서 그를 통해 일하시기가 너무나 쉬워집니다. 이들은 무엇을 보더라도 주님께서 느끼시는 감정을 똑같이 느끼기 때문에, 하나님의 사랑의 흐름을 막힘없이 흘려보낼 수 있으며, 그런 사람들이 믿음으로 선언하는 것은 그대로 이루어질 수밖에 없습니다.

고전 13:1-13
내가 사람의 방언과 천사의 말을 할지라도 사랑이 없으면 소리 나는 구리와 울리는 꽹과리가 되고 내가 예언하는 능력이 있어 모든 비밀과 모든 지식을 알고 또 산을 옮길 만한 모든 믿음이 있을지라도 사랑이 없으면 내가 아무 것도 아니요 내가 내게 있는 모든 것으로 구제하고 또 내 몸을 불사르게 내

줄지라도 사랑이 없으면 내게 아무 유익이 없느니라 사랑은 오래 참고 사랑은 온유하며 시기하지 아니하며 사랑은 자랑하지 아니하며 교만하지 아니하며 무례히 행하지 아니하며 자기의 유익을 구하지 아니하며 성내지 아니하며 악한 것을 생각하지 아니하며 불의를 기뻐하지 아니하며 진리와 함께 기뻐하고 모든 것을 참으며 모든 것을 믿으며 모든 것을 바라며 모든 것을 견디느니라 사랑은 언제까지나 떨어지지 아니하되 예언도 폐하고 방언도 그치고 지식도 폐하리라 우리는 부분적으로 알고 부분적으로 예언하니 온전한 것이 올 때에는 부분적으로 하던 것이 폐하리라 내가 어렸을 때에는 말하는 것이 어린 아이와 같고 깨닫는 것이 어린 아이와 같고 생각하는 것이 어린 아이와 같다가 장성한 사람이 되어서는 어린 아이의 일을 버렸노라 우리가 지금은 거울로 보는 것 같이 희미하나 그 때에는 얼굴과 얼굴을 대하여 볼 것이요 지금은 내가 부분적으로 아나 그 때에는 주께서 나를 아신 것 같이 내가 온전히 알리라 그런즉 믿음, 소망, 사랑, 이 세 가지는 항상 있을 것인데 그 중의 제일은 사랑이라

잘 아시다시피 고린도전서 13장은 '사랑' 장으로서, 하나님의 아가페 사랑이 가지는 근본적인 성질에 대해서 잘 풀어내고 있습니다.

사랑은 자기의 유익을 구하지 않습니다. 모세도 그랬습니다.

그는 자기로부터 이스라엘의 역사가 다시 시작될 수 있는 기회를 붙잡지 않았고, 오히려 하나님의 이름에 흠이 남지 않는 것과 이스라엘 민족의 안위를 먼저 생각했습니다.

사랑은 악한 것을 생각하지 않습니다. 사랑은 상대가 나에게 저지른 잘못을 기억하지 않습니다. 그렇게 하기로 선택했기 때문입니다. 상대가 악한 행동을 했다 하더라도, 그것이 내 영의 태도에까지 영향을 미치도록 허락하지 않습니다. 우리는 어떤 악한 사건이라도 나에게 덕이 되도록 해석하여 좋은 것만을 기억합니다. 그것이 우리의 영을 오염되지 않은 상태로 보호하는 길입니다. 상대방의 악한 행동을 보고 그를 악한 자로 평가하여 받아들인다면, 그것은 사랑의 태도에서 비롯된 것이 아니므로 결국 나의 영에 부정적인 영향을 미치게 됩니다. 상대방이 실수하고 넘어졌다 하더라도, 그것을 악함이 아닌 약함으로 바라보고 긍휼히 여기는 것이 사랑의 태도입니다.

사랑은 모든 것을 참으며 모든 것을 믿으며 모든 것을 바라며 모든 것을 견딥니다. 이 구절을 영어확대성경 Amplified에서는 "사랑은 항상 모든 사람의 최고를 믿을 준비가 되어 있는 것이다 Love is ever ready to believe the best of every person."(7절)라고 표현합니다. 그리스도인으로서 우리는 항상 끝없이 용서하고, 상대의 좋은 것을 취하여 기억하고, 최고를 믿어 주어야 합니다. 지금은 온통 실패뿐인 사람이라 하더라도, 그 안에는 분명히 하나님께서 주신 장점과 가능성이 있기에 우리는 좋은 것들이 활짝 꽃피었을 때의 모습을 바라보며 기대하는 것입니다.

우리는 항상 사랑의 태도를 유지해야 합니다. 성경에서는 믿음보다 높은 것이 사랑이라고 말씀합니다. 우리가 그리스도의 사랑 가운데 온전히 행한다면, 그 자체가 곧 하나님의 뜻을 행하는 것이므로 굳이 믿음을 발휘하여 구하고 붙잡지 않더라도 확실한 결과를 낼 수밖에 없습니다.

골 3:8-10
이제는 너희가 이 모든 것을 벗어 버리라 곧 분함과 노여움과 악의와 비방과 너희 입의 부끄러운 말이라 너희가 서로 거짓말을 하지 말라 옛 사람과 그 행위를 벗어 버리고 새 사람을 입었으니…

벧전 2:1-2 (한글킹제임스)
그러므로 모든 악의와 모든 속임수와 위선과 시기와 온갖 비방하는 말을 버리고 갓난 아기들로서 순수한 말씀의 젖을 사모하라 이는 너희가 그것으로 인하여 자라게 하려 함이니라

우리는 이제 새 사람, 새로운 피조물을 입었으므로, 과거의 육신적인 행위는 완전히 벗어버려야 합니다. 그러므로 어떤 상황에 부딪혔을 때, 마치 아침에 집에서 나가기 전에 무슨 옷을 입을까 고르는 것처럼, 내가 취할 수 있는 여러 반응 중에서 새 피조물의

반응을 골라서 취해야 합니다. 그것이 우리가 바른 태도를 유지하는 비결입니다. 또한 하나님의 말씀을 사모함으로써 그 안에서 내가 누구인지 지속적으로 확인하고 인식할 때, 우리의 본성이 더욱 강화될 수 있을 것입니다.

3 주는 태도

마지막으로 하나 더 언급하자면, 새로운 피조물의 태도는 항상 "주는 태도"가 되어야 합니다. 세상 사람들은 마이너스 기반의 삶을 살기 때문에, 공짜를 좋아하고 베풀기에 인색합니다.

그러나 하나님 왕국에 속한 우리의 삶은 그렇지 않습니다. 성경에서 말하듯이 우리가 참으로 왕같이 다스리는 자라면, 작은 것에 연연하고 공짜를 따라갈 필요가 없습니다. 그리고 엄밀히 말해 공짜란 없습니다. 누군가 그에 대한 값을 이미 지불한 것입니다.

우리는 모든 선한 것을 흘려보내는 통로가 되어야 합니다. 계시든 물질이든 어떤 것이 나에게 왔다면, 그것은 반드시 나를 통해 다시 흘러 나가야 하는 것이 하나님의 원리입니다. 내가 종착역이 되어서 그 좋은 것들이 내 안에 멈추어 고여 있어서는 안 됩니다. 하나님께서는 우리가 생명의 통로로서 기능하기를 원하시며, 예수님께서도 주는 자가 받는 자보다 복이 있다고 말씀하셨습니다.

아시다시피 하나님의 왕국은 머리이신 예수님과 그의 몸인 우리들로 이루어져있습니다. 즉 우리는 몸의 한 부분으로서, 다른 부분으로부터 무언가를 받아 또 다른 부분으로 흘려보내도록 연결되고 상합되어 있습니다. 그래서 사도 바울은 스스로를 "모든 사람에 대해 빚진 자"(롬 1:14)라고 표현했습니다. 물질이든 계시든 은혜든, 받았으면 반드시 그것을 다시 내보내야 합니다. 건강한 몸은 그 안에서 생명의 흐름이 막힘없이 원활하게 이루어집니다. 그러므로 하나님의 왕국, 그리스도의 몸 된 교회 전체가 온전히 기능할 수 있기 위해서 우리는 반드시 주는 태도를 가져야 합니다.

제가 목회자로서 바라는 것도 이것입니다. 제가 받은 이 진리의 말씀을 온전히 흘려보내어, 성도들이 그것을 깨닫고 말씀의 능력 안에서 승리하며 사는 것입니다. 그리고 성도들이 다시 그 말씀을 주변에 흘려보내는 복의 통로가 된다면 더할 나위가 없겠습니다.

하나님의 말씀을 깨달을수록 우리는 무한한 자유와 능력 가운데 살게 됩니다. 그리고 우리가 세워졌듯이 우리가 만나는 사람들도 우리를 통해 세워지고 이 말씀으로 변화될 수 있습니다. 특별히 복음을 먼저 받은 자로서, 우리는 이 기쁜 소식을 반드시 전달해야 합니다. 불신자는 물론이고, 성도 중에서도 아직 온전한 계시에 이르지 못한 지체가 있다면 이 말씀을 함께 나누어야 하겠습니다.

바른 태도가 승리하는 삶의 열쇠입니다. 특별히 위에서 살펴본 바와 같이, 우리는 새로운 피조물로서 어떤 상황에서도 영혼 구원에 초점을 맞추고, 그리스도의 사랑을 풀어내며, 우리가 받은 것들을 나누어 주는 태도를 가져야 하겠습니다.

이러한 태도는 모두 우리의 심령에서 비롯됩니다. 그리고 하나님께서는 그런 태도를 갖기 위해 필요한 모든 것을 이미 우리 심령에 다 주셨습니다. 모든 것은 우리의 선택에 달려 있습니다. 먼저는 그리스도 안에서 내가 누구이고 무엇을 가졌고 무엇을 할 수 있는지에 대한 말씀을 배우고, 다음으로는 그 진리를 매 순간 인식하며 바른 것을 택하는 것을 훈련한다면, 우리는 하나님의 계획 가운데 진정으로 확장하고 성공하는 삶을 누리게 될 것입니다.

Life of Honor 3

겸손과 교만

새로운 피조물로서 존중하는 삶을 살기 위해서 우리는 심령에 바른 태도를 가져야 합니다. 그 중에서도 모든 것을 아우르는 근간이 되는 태도는 바로 '겸손'입니다. 우리는 모든 일에 교만함을 거절하고 겸손한 태도를 선택해야 합니다. 그렇다면 성경에서 말하는 겸손과 교만의 정확한 의미는 무엇일까요? 이는 우리가 기존에 가지고 있던 겸손에 대한 개념과는 어떻게 다를까요? 이번 장에서 함께 살펴봅시다.

'겸손'의 성경적 정의

> 약 4:6-7
> 그러나 더욱 큰 은혜를 주시나니 그러므로 일렀으되 하나님이 교만한 자를 물리치시고 겸손한 자에게 은혜를 주신다 하였느

니라 그런즉 너희는 하나님께 복종할지어다Submit yourselves therefore to God 마귀를 대적하라 그리하면 너희를 피하리라

하나님께서는 교만한 자를 물리치시고 겸손한 자에게 은혜를 주신다고 말씀하신 후, 이어서 '그러므로 너희는 하나님께 복종하라' 라고 말하고 있습니다. 즉 하나님께 복종하는 자가 하나님 앞에서 겸손한 자라는 것입니다.

'복종하다submit' 라는 말은 어떤 것으로부터 물러나고 양보한 상태를 말합니다retire, withdraw, yield. 결국 성경에서 말하는 겸손이란, 자기 방법에서 물러서서 하나님의 방법을 따르는 것이라 할 수 있습니다. 하나님의 방법이란 다른 것이 아니라 바로 하나님의 말씀입니다. 다시 말해, 겸손은 하나님의 말씀 앞에서 언제든지 자신의 생각과 방법을 내려놓고 물러설 수 있는 태도이며, 반대로 교만은 자신의 길에서 물러서지 않고 하나님께 양보하지 못하는 태도인 것입니다.

예를 들어, 말씀에서 거듭난 그리스도인은 의인이며 아플 수 없다고 말하고 있다면, 기존에 가졌던 자신의 생각이나 경험이 어떠하든지 간에 무조건 내려놓고 말씀을 받아들이는 것이 겸손입니다. 그러나 말씀이 그렇게 말하는데도 불구하고 여전히 '나같은 죄인은 건강할 자격이 없다' 는 생각을 고수한다면, 세상에서는 겸손하고 도덕적이라고 평가할지 모르지만, 하나님께서 보시기에는 오히려 교만한 태도로 여겨질 것입니다.

렘 13:9-10

여호와께서 이와 같이 말씀하시니라 내가 유다의 교만과 예루살렘의 큰 교만을 이같이 썩게 하리라 이 악한 백성이 내 말 듣기를 거절하고 그 마음의 완악한 대로 행하며 다른 신들을 따라 그를 섬기며 그에게 절하니 그들이 이 띠가 쓸 수 없음 같이 되리라

구약 시대에 이스라엘 백성에게 노하신 여호와께서 예레미야 선지자를 통해서 하시는 말씀입니다. 그들이 악한 백성으로 평가 받은 이유는, 물론 다른 신을 섬기는 죄를 범하기도 했지만, 근본적으로 "내[여호와] 말 듣기를 거절하고 그 마음의 완악한 대로 행했기" 때문입니다. 이 부분을 한글킹제임스 성경에서는 "내 말들을 듣기 거절하고 그들의 마음의 상상대로 행하고 walk in the imagination of their heart"라고 번역합니다. 즉 하나님의 말씀을 따라 자신의 길에서 물러서기는커녕, 오히려 말씀을 거절하고 자기 멋대로 행하는 모습을 지적하면서, 이를 "큰 교만"이라고 정확하게 표현하는 것을 볼 수 있습니다.

시 1:1-3

복 있는 사람은 악인들의 꾀를 따르지 아니하며 죄인들의 길에 서지 아니하며 오만한 자들의 자리에 앉지 아니하고 오직 여호와의 율법을 즐거워하여 그의 율법을 주야로 묵상하는도

다 그는 시냇가에 심은 나무가 철을 따라 열매를 맺으며 그 잎사귀가 마르지 아니함 같으니 그가 하는 모든 일이 다 형통하리로다

위 구절은 '복 있는 사람'의 삶을 묘사하면서, 먼저 무엇을 '하는지'가 아니라 무엇을 '하지 않는지'에 대해서 열거합니다. 복 있는 사람은 악인의 꾀를 따르지 않고, 죄인의 길에 서지 않으며, 오만한 자의 자리에 앉지 않습니다. 한마디로 세상에서는 당연시 되지만 말씀과는 반대되는 인간적인 풍조와 태도로부터 물러서기를 선택하는 것입니다.

또한 복 있는 사람은 이런 부정적인 것들을 차단할 뿐 아니라, "여호와의 율법"을 주야로 묵상하여 자신의 영과 혼에 공급합니다. 여호와의 율법이란 곧 하나님의 말씀입니다. 그 중에서도 우리가 취해야 할 말씀은 그리스도 안에서 내가 누구이며, 무엇을 할 수 있으며, 무엇을 가지고 있는지에 대한 '새로운 피조물의 계시'입니다. 이 말씀을 끊임없이 공부하고 입으로 선포하는 사람에게는, 시냇가에 심은 나무와 같은 풍성한 번영과 영광이 약속되어 있습니다.

이와 같이 그리스도 안에서 겸손이란, 하나님의 말씀 앞에서 자신의 생각과 세상의 법칙을 내려놓고 물러서는 태도임을 성경의 여러 곳에서 확인할 수 있습니다. 영적으로 성숙하신 분들을 보면 굉장히 단순하게 하나님의 말씀만을 생각하고 말하고 행하

시는 것을 볼 수 있습니다. 하나님께서는 그런 사람을 그분의 왕국 안에서 높이 들어 사용하십니다.

말씀에서 빗나간 자존심은 교만이다

눅 20:9-16

그가 또 이 비유로 백성에게 말씀하시기 시작하시니라 한 사람이 포도원을 만들어 농부들에게 세로 주고 타국에 가서 오래 있다가 때가 이르매 포도원 소출 얼마를 바치게 하려고 한 종을 농부들에게 보내니 농부들이 종을 몹시 때리고 거저 보내었거늘 다시 다른 종을 보내니 그도 몹시 때리고 능욕하고 거저 보내었거늘 다시 세 번째 종을 보내니 이 종도 상하게 하고 내쫓은지라 포도원 주인이 이르되 어찌할까 내 사랑하는 아들을 보내리니 그들이 혹 그는 존대하리라 하였더니 농부들이 그를 보고 서로 의논하여 이르되 이는 상속자니 죽이고 그 유산을 우리의 것으로 만들자 하고 포도원 밖에 내쫓아 죽였느니라 그런즉 포도원 주인이 이 사람들을 어떻게 하겠느냐 와서 그 농부들을 진멸하고 포도원을 다른 사람들에게 주리라 하시니 사람들이 듣고 이르되 그렇게 되지 말아지이다 하거늘

위 구절은 하나님으로부터 보내심을 받은 예수님에 대한 말씀

입니다. 하나님께서 역사를 통하여 많은 주의 종과 선지자를 보내시고 마침내 예수님까지 보내셨지만, 결국 사람들은 그를 받아들이지 않고 죽음에 이르게 하는 장면을 비유로 말씀하고 있습니다. 위의 비유에서 농부들이 저지른 결정적인 잘못은, 주인이 보낸 사람들을 인정하지 않았다는 것입니다. 주인으로부터 보냄 받은 자들은 말 그대로 주인을 대표하는 사람들이며 그들을 대접하는 것은 실상 주인을 대접하는 것과 같은 것인데, 농부들은 주인이 그들을 보냈다는 사실을 인정하지 않고 오히려 멸시했던 것입니다.

이는 근본적으로 그들의 심령에 있는 교만pride에서 비롯된 문제입니다. 우리는 '프라이드'라는 영어 단어를 "자존심"이라는 말로 표현합니다. 세상에서는 이와 같이 자존심과 교만을 구별하지만, 사실 둘은 근본적으로 같은 말입니다. 우리는 물론 그리스도 안에서 내가 누구인지를 정확히 인식하고 긍정적인 자아상을 가져야 합니다. 그러나 세상에서 말하는 '자존심'이나 '자존감'은 말씀에서 말하는 "그리스도 안에서의 정체성"과는 차이가 있습니다. 세상의 자존심이나 자존감이란 엄밀히 말해 자기 자신의 어떠함, 즉 '자기 의'에 기반을 두고 있습니다. 그런데 세상에는 절대적인 진리가 없으므로, 자신의 어떠함을 가늠하기 위해서는 결국 다른 사람과의 비교를 통해 상대적으로 판단하게 됩니다. 그러므로 세상에서 말하는 '자존심'의 근간에는 타인에 대한 열등감 또는 우월감이 내재될 수밖에 없고, 이런 면에서 자존심과 교만은 동의어가 되는 것입니다. 이와 같이 건강하지 못한 비교 의식에서 비롯되어 자신을 내세우고 높이려는 마음은 성경에서 경계하는 악한 마음입니다.

보통 사람들은 자신의 단점이나 문제점을 지적받기를 싫어합니다. 심령 가운데 있는 자존심, 즉 교만 때문입니다. 그러나 바른 태도를 가진 사람이라면 지적을 받을 때 오히려 자신의 문제를 개선하고 다음 단계로 올라갈 수 있는 기회로 인식하고 감사할 것입니다. 우리는 의식적으로 이러한 태도를 훈련하고 계발해야 합니다. 말씀을 듣다가 찔리는 부분이 있을 때 괜히 "목사님이 나 들으라고 하시는 말인가 보다."하고 기분 나빠할 것이 아니라, 그 말씀을 취하여 나의 부족한 부분을 발견하고 교정하려는 자세를 가져야 합니다. 심령 가운데 조금이라도 교만을 허용한다면, 이는 그리스도인으로서 존중하고 승리하는 삶을 사는데 반드시 걸림돌로 작용하게 될 것입니다.

교만한 사람은 다른 사람을 존중할 수 없습니다. 이들은 부모님이나 영적 리더의 말을 듣고도, '꼭 그런 건 아니지…….' 하고 생각하면서 본인의 주관대로 결정하고 행동합니다. 그런 사람은 결코 성령님의 음성을 듣고 행할 수 없습니다. 성령님께서 아무리 많이 말씀하신다한들, 본인의 주관과 기준이 너무나 강하기 때문에 결코 그 말씀을 온전히 이해할 수도 없고, 즉시 순종할 수도 없습니다. 성령이 주신 생각을 '이건 성령의 음성이 아니야. 내가 왜 이런 생각을 했지?' 라며 무시해버린 적이 있지 않으십니까? 우리는 이런 식으로 너무나 많은 것들을 놓치고 있습니다. 그리고 그 바탕에는 교만이 있습니다.

교만한 자가 가질 수 없는 4가지

> 벧전 5:5-9
>
> 젊은 자들아 이와 같이 장로들에게 순종하고 다 서로 겸손으로 허리를 동이라 하나님은 교만한 자를 대적하시되 겸손한 자들에게는 은혜를 주시느니라 그러므로 하나님의 능하신 손 아래에서 겸손하라 때가 되면 너희를 높이시리라 너희 염려를 다 주께 맡기라 이는 그가 너희를 돌보심이라 근신하라 깨어라 너희 대적 마귀가 우는 사자 같이 두루 다니며 삼킬 자를 찾나니 너희는 믿음을 굳건하게 하여 그를 대적하라 이는 세상에 있는 너희 형제들도 동일한 고난을 당하는 줄을 앎이라

이 말씀에서는 성도들에게 겸손하기를 권면하면서, 겸손한 자가 얻는 축복에 대해 열거합니다. 이는 반대로 보면, 교만한 자는 결코 얻을 수 없는 것이라고도 볼 수 있습니다.

"겸손한 자들에게는 은혜를 주시느니라" 반대로 교만한 자는 하나님의 은혜를 얻을 수 없을 뿐 아니라, 그분께서 대적하신다고 말씀합니다.

"겸손하라 때가 되면 너희를 높이시리라" 하나님의 왕국 안에서 스스로 겸손하게 낮아지는 자리를 선택하면, 때가 되었을 때 하나님께서 반드시 그를 높이신다고 약속합니다. 반대로 교만한 사람은 아무리 시간이 지나도 높아지지 않으며, 잠시 높아지는 것처럼 보일지라도 그 자리는 결코 안전하지도 영원하지도 않습니다.

"너희 염려를 다 주께 맡기라 이는 그가 너희를 돌보심이라" 겸손한 자만이 하나님께 염려를 맡길 수 있습니다. 그렇게 할 때 하나님께서는 우리를 돌보신다고 약속하십니다. 스스로 자신의 모든 문제에 대해 주인이 되려고 하는 자는, 하나님께 틈을 내어 드리지 않았기 때문에 이러한 돌보심을 입을 수 없습니다.

"너희는 그를 대적하라" 겸손한 자에게 주어진 마지막 약속은 그들이 마귀를 대적하면 마귀가 순종한다는 것입니다. 반대로 교만한 자는 마귀를 대적하고 쫓으려고 해도 효과가 없습니다. 그 자신이 마귀의 친구이기 때문입니다. 교만은 마귀로부터 온 특성이므로, 교만한 자는 마귀가 언제든지 그를 붙잡을 수 있는 고리를 가진 것과 같습니다.

교만이 주는 악한 열매

또한 성경 말씀은 교만이 어떤 악한 결과를 초래하는지 반복해서 보여주고 있습니다.

잠 11:2
교만이 오면 욕도 오거니와 겸손한 자에게는 지혜가 있느니라

즉 교만한 자는 다른 사람에게 부끄러움을 당한다는 말입니다. 교만의 길로 들어가는 순간 우리는 스스로의 부끄러움을 자초하는 것입니다.

잠 13:10
교만에서는 다툼만 일어날 뿐이라 권면을 듣는 자는 지혜가 있느니라

교만한 자는 스스로 지혜롭게 여기므로 다른 사람의 권면을 거절하고 온갖 다툼에 휘말리게 됩니다. 부부간이든 형제간이든 사람 사이에 다툼이 있을 때에는 항상 그 근원에 교만의 문제가 있습니다.

잠 16:18
교만은 패망의 선봉이요 거만한 마음은 넘어짐의 앞잡이니라

교만은 패망과 넘어짐의 앞자리를 차지하고 있습니다. 즉 교만에는 패망과 실패가 반드시 자동적으로 뒤따른다는 것입니다. 교만한 자의 길은 곧 멸망의 길입니다.

잠 29:23
사람이 교만하면 낮아지게 되겠고 마음이 겸손하면 영예 honor를 얻으리라

교만은 낮아짐을 가져 옵니다. 그러나 반대로 겸손한 자는 영예, 즉 하나님으로부터 오는 존귀를 얻게 됩니다.

막 7:20-23
또 이르시되 사람에게서 나오는 그것이 사람을 더럽게 하느니라 속에서 곧 사람의 마음에서 나오는 것은 악한 생각 곧 음란과 도둑질과 살인과 간음과 탐욕과 악독과 속임과 음탕과 질투와 비방과 교만과 우매함이니 이 모든 악한 것이 다 속에서 나와서 사람을 더럽게 하느니라

위에 말씀에서는 사람의 속에서부터 나와서 사람을 오염시키는 악한 것들이 열거되고 있습니다. 여기에서 우리는 예수님께서 온갖 흉악한 범죄 및 악행과 같은 선상에서 교만을 언급하시는 것을 볼 수 있습니다.
이처럼 성경에서는 여러 말씀을 통해 교만이 초래하는 결과가 얼마나 엄청난지를 입증하고 있습니다. 정말이지 어떤 경우에도 결코 교만해서는 안 될 일입니다.

교만에서 벗어나는 길

그렇다면 우리는 어떻게 교만에서 벗어날 수 있을까요? 앞서 보았던 예레미야 말씀을 더 길게 읽어 봅시다.

> 렘 13:9-10, 15, 18
> 여호와께서 이와 같이 말씀하시니라 내가 유다의 교만과 예루살렘의 큰 교만을 이같이 썩게 하리라 이 악한 백성이 내 말 듣기를 거절하고 그 마음의 완악한 대로 행하며 다른 신들을 따라 그를 섬기며 그에게 절하니 그들이 이 띠가 쓸 수 없음 같이 되리라 … 너희는 들을지어다 귀를 기울일지어다 교만하지 말지어다 여호와께서 말씀하셨음이라 … 너는 왕과 왕후에게 전하기를 스스로 낮추어 앉으라 관 곧 영광의 면류관이 내려졌다 하라

이스라엘 백성들은 하나님의 말씀을 듣기를 거절하고 제 뜻대로 행함으로써 하나님의 노여움을 샀습니다. 이에 대해 하나님께서는 "교만하지 말지어다", "스스로 낮추어 앉으라"라고 명하십니다. 다시 말해, 교만을 제거하는 방법은 스스로 겸손해지는 것뿐입니다.

때로 타인의 교만함을 지적하면서 "고난을 크게 당해야만 저 교만이 깨지지."라고 말하는 경우가 있습니다. 어떤 분은 "제 안에 있는 교만을 없애고 싶습니다."라며 안수 기도를 통해 해결하

려고 합니다. 심지어 어떤 분은 마귀가 교만을 심어주었기 때문에 마귀를 쫓아야 한다고도 합니다. 물론 부분적으로 해결의 계기가 될 수도 있겠지만, 사실 이 모든 것들은 너무나 수동적이고 부정적인 접근법입니다.

모든 것은 결국 자기 자신에게 달려 있습니다. 위에서 말씀에서도 볼 수 있듯이 교만하지 말고 낮추어 앉는 주체는 바로 '나 스스로'입니다. 마귀가 상황 가운데 잘못된 생각을 던져 준다 하더라도, 그것을 붙잡는 것은 당신의 선택입니다. 상황이 어려워질 때까지 기다리지 말고, 말씀에 비추어 심령의 어두움을 발견했다면 즉시 교정하기로 결단하십시오. 하나님께서는 결코 우리가 할 수 없는 일을 강요하지 않으시며, 그분의 말씀은 그것을 행할 능력과 함께 옵니다. 우리 안에 있는 의인의 생명, 하나님과 같은 종류의 생명은 교만에서 나와 겸손으로 들어가는 것이 당연한 그런 생명입니다. 그러므로 당신의 의지를 발동하여 겸손해지기를 스스로 택하십시오.

겸손에 대한 바른 생각들

성경적인 의미에서 겸손이란, 언제든지 자신의 길에서 물러나 하나님의 말씀을 따르는 태도를 말합니다. 이는 세상에서 일반적으로 말하는 '겸손'과 일치하는 부분도 있지만, 그렇지 않은 부분도 있습니다. 그렇다면 우리가 그리스도 안에서 추구해야 할 참된 겸손의 특성이 무엇인지 자세히 살펴보도록 하겠습니다.

우선 무턱대고 자신을 낮추는 것은 겸손이 아닙니다. 특별히 우리나라의 문화에서는 "저는 할 줄 아는 것이 없습니다.", "제가 부족한 것이 많습니다."라고 말하면서 언제 어디서든 최대한 자신에 대해 낮추어 말하는 것을 겸손의 표현으로 여기곤 합니다. 그러나 겸손과 열등감은 다릅니다. 우리는 그리스도 안에서 자신의 정체성을 정확히 인식하고 그에 따라 말하고 행동해야 합니다. 말씀에서는 "내게 능력 주시는 자 안에서 내가 모든 것을 할 수 있느니라"(빌 4:13)라고 하는데 그리스도인이 이 말씀을 받아들이지 않고 "그래도 저는 못 합니다."라고 말한다면, 결국 자신의 경험과 판단을 하나님의 말씀보다 우위에 두고 끝까지 고집하는 것이므로 오히려 교만한 태도를 가졌다고 보아야 할 것입니다.

그러므로 우리는 스스로 '나는 겸손하다'라고 말할 수 있습니다. 하나님께서 계획하신 새 피조물의 정체성을 고백하는 것은, 교만의 증거가 아니라 거듭난 우리가 당연히 취해야 할 행동 양식입니다. 물론 자신을 높이고 자신의 겸손을 인정받으려는 마음에서 한 말이라면 경우가 다를 것입니다. 그러나 성경이 우리에게 겸손한 자가 될 것을 명했고, 그 말씀을 따르려는 결단과 선택에 의한 고백이라면 문제될 것이 없습니다. 자신의 생각에서 물러서서 언제든지 하나님의 말씀을 최고의 권위로 받아들일 자세가 되어있다는 뜻이기 때문입니다.

이처럼 겸손한 사람은 하나님 앞에서나 사람 앞에서나 자신의 색깔을 강하게 드러내지 않고, 모든 것을 수용할 줄 아는 사람들입니다. 그렇다고 아무런 열망이나 꿈도 없이, 그저 '좋은 게 좋은 거지' 하는 마음으로 산다는 뜻은 결코 아닙니다. 하나님의 말씀을 바탕으로 겸손한 삶을 살다보면 과거 육신적으로나 세상적으로 가졌던 목표에서는 멀어지지만, 대신 하나님께서 주시는 영적인 열망으로 충만하게 됩니다. 그리고 그것이 스스로 가졌던 계획과 꿈보다 훨씬 더 크고 확실한 비전입니다.

당신의 겸손을 결정하는 것은 당신 자신이다

결국 겸손은 선택과 노력에 달린 것입니다. 많은 사람들이 겸손은 타고난 성품이므로 계발하기 힘들다거나, 또는 어려운 고난을 당해야만 교만이 꺾인다고들 말합니다. 그러나 성경에서는 우리에게 스스로 경로를 바꾸어 겸손을 택하라고 말씀하고 있습니다. 우리는 스스로의 노력과 선택에 따라 얼마든지 겸손해질 수 있으며, 자신이 겸손할 때와 그렇지 않을 때도 정확히 알 수 있습니다. 그러므로 만약 당신이 겸손하지 못하다면 그것은 당신의 문제이지, 하나님께서 하신 일이 아닙니다.

렘 13:18
너는 왕과 왕후에게 전하기를 스스로 낮추어 Humble yourselves
앉으라 관 곧 영광의 면류관이 내려졌다 하라

마 18:4

그러므로 누구든지 이 어린 아이와 같이 자기를 낮추는 humble himself 사람이 천국에서 큰 자니라

마 23:9-12

땅에 있는 자를 아버지라 하지 말라 너희의 아버지는 한 분이시니 곧 하늘에 계신 이시니라 또한 지도자라 칭함을 받지 말라 너희의 지도자는 한 분이시니 곧 그리스도시니라 너희 중에 큰 자는 너희를 섬기는 자가 되어야 하리라 누구든지 자기를 높이는 자는 낮아지고 누구든지 자기를 낮추는 humble himself 자는 높아지리라

벧전 5:5-6

젊은 자들아 이와 같이 장로들에게 순종하고 다 서로 겸손으로 허리를 동이라 하나님은 교만한 자를 대적하시되 겸손한 자들에게는 은혜를 주시느니라 그러므로 하나님의 능하신 손 아래에서 겸손하라 Humble yourselves 때가 되면 너희를 높이시리라

약 4:9-10

슬퍼하며 애통하며 울지어다 너희 웃음을 애통으로, 너희 즐거움을 근심으로 바꿀지어다 주 앞에서 낮추라 Humble yourselves 그리하면 주께서 너희를 높이시리라

성경 곳곳에서 "스스로 겸손하게 하라 humble oneself"라는 지시를 발견할 수 있습니다. 즉 본인이 스스로 겸손해질 수 있다는 뜻입니다. 이와 같이 겸손은 철저히 선택의 문제입니다. 저절로 겸손해지는 사람은 없으며, 반대로 겸손할 수 없는 천성을 타고난 사람도 없습니다. 마치 장을 보러가서 원하는 물건을 골라 취하듯이, 언제든지 지금 당장이라도 겸손을 선택할 수 있습니다.

우리는 우리가 추구해야 할 겸손의 특성과 우리 안에 주어진 능력을 하나님의 말씀 안에서 발견하고, 그것을 인식하며 매순간 겸손을 선택해야 합니다. 그렇게 겸손한 태도로 하나님의 부르심을 성취하는 것이 바로 우리의 할 일입니다.

우리의 태도가 우리의 높이를 결정합니다. 겸손의 길은 결코 실패하지 않는 길입니다. 우리가 스스로 낮아지면, 하나님께서 우리를 반드시 높여주십니다. '나는 이렇게 준비가 잘 되어 있는데 왜 나에게 기회가 오지 않을까?'라는 생각은 하지 마십시오. 하나님께서는 전능하시고 세상보다 더 크신 분이신 것을 믿으십니까? 그분의 말씀은 반드시 역사한다는 것을 믿으십니까? 그렇다면 이런 의심은 가질 수 없습니다. 우리가 겸손하기로 작정하고 온전히 그러한 삶을 살 때, 어떤 사람이나 환경이나 상황이라도 우리의 승진을 막을 수 없습니다.

빌 2:8-9
사람의 모양으로 나타나사 자기를 낮추시고 humble himself

> 죽기까지 복종하셨으니 곧 십자가에 죽으심이라 이러므로 하나님이 그를 지극히 높여 모든 이름 위에 뛰어난 이름을 주사

예수님께서도 하나님의 왕국을 위해 자신이 해야 할 일을 아시고 스스로 낮아지심으로써 최고의 존귀를 받게 되셨습니다. 우리도 하나님께서 시키시는 일을 충성스럽게 수행한다면, 하나님께서는 우리를 구비시키시고 다음 단계로 높이실 것입니다. 중요한 것은 더 높은 자리에서 더 크게 쓰임 받는 것이 아니라, 하나님의 왕국 안에서 내가 있어야 할 위치에서 정확하게 기능하는 것입니다.

우리는 삶에서 나 자신의 영광이 아니라, 하나님의 영광을 추구해야 합니다. 당장은 내가 약간의 불이익을 당하는 것 같아도 하나님 나라 전체에 득이 된다면 기꺼이 감수할 수 있을 정도로 말입니다. 그리고 사실 결과적으로 그런 일은 있을 수 없습니다. 하나님께서는 바른 중심으로 헌신된 사람을 결코 그렇게 내버려두지 않으십니다.

하나님 나라에 가장 유익한 일이 하나님께서 가장 기뻐하시는 일이며, 동시에 우리가 가장 빠르게 승진하는 길입니다. 다시 말해, 하나님의 영광을 추구하는 것이 나의 영광을 이루는 가장 빠른 길인 것입니다. 그러므로 하나님의 신실하심을 믿고 정로를 걸어가십시오.

누가 하나님 나라에서 가장 큰 자인가?

이와 같이 성경에서는 수많은 구절을 통해 교만한 자가 얻을 저주와 겸손한 자가 누릴 축복에 대해 끊임없이 언급하고 있습니다. 하나님께서는 참으로 교만한 자를 물리치시고 겸손한 자를 높이십니다. 우리는 같은 원리로 하나님의 왕국 안에서 더 높은 권세의 자리에 있는 사람이 누구인지도 가늠할 수가 있습니다.

성경 말씀은 하나님은 겸손한 자를 높이시며 누구든지 낮아지는 자는 높아질 것이라고 말합니다. 그러므로 그에 따라 역으로 생각해보면 쉽게 답을 얻을 수 있습니다. 바로 더 겸손한 사람이 더 높은 권세를 가진 사람인 것입니다. 이처럼 하나님의 말씀의 원칙을 정확하게 믿고 그러한 관점에서 접근하면, 항상 모든 문제에 대해 필요한 지혜를 얻고 가장 정확한 답을 찾을 수 있습니다.

누군가 나보다 겸손한 태도를 가지고 있다면, 그는 분명히 하나님의 왕국 안에서 더 높은 자리에 놓여 있을 것입니다. 지금 눈에 보이는 상황은 그렇지 않더라도 머지않아 반드시 결과가 나타나게 될 것입니다. 하나님께서 이미 그를 인정하셨기 때문입니다.

또한, 계시 지식이 더 많은 사람도 더 높은 권세의 자리에 있는 사람입니다. 이는 성령으로 말미암아 깨달아진 영적인 지식을 말합니다. 하나님의 왕국에서는 더 높은 자리에 올라갈수록 하나님께서 맡겨주시는 계시도 늘어나게 됩니다. 더 높은 자리에 있을수록, 그가 가진 계시를 통하여 영향을 받는 사람도 더 많아지기 때문입니다.

어떤 상황에서도 항상 겸손을 택하십시오. 특별히 무엇보다도 하나님의 말씀의 권위 앞에서 스스로 낮아지기로 결단하십시오. 말씀에서 말하는 대로 자기 자신을 바라보고, 말씀에서 지시하시는 대로 하나님을 경외하며 사람들을 섬길 때, 하나님의 왕국 안에서 크게 빛나는 영광이 당신을 위해 준비되어 있을 것입니다.

Life of Honor 4

존중하는 삶을 위해 기억할 것

우리가 존중하는 삶을 살면 하나님께서 우리를 존귀하게 해주십니다. 우리는 이것을 삶의 모토로 삼고, 어떤 상황에서 어떤 선택을 하든지 항상 유념해야 합니다. 존중하는 삶이 우리 심령의 바탕이 되고 또한 우리가 사는 삶 자체가 되어야 하는 것입니다. 이번 장에서는 이러한 존중하는 삶을 온전히 살아가기 위해서 기억해야 할 몇 가지 요소들에 대해 나누어보겠습니다.

존중하는 자는 때가 되면 하나님께서 반드시 높이신다

존중하는 삶을 사는 사람은 하나님께서 합당한 때에 반드시 높이십니다. 그러므로 우리는 사람들이 지켜보든지 보지 않든지 존중하는 삶의 태도를 유지해야 합니다. 그러나 사실 그런 사람은 흔하지 않습니다. 그래서 성경에서는 이를 '좁은 문'이라고 표현합니다.

마 7:12-14

그러므로 무엇이든지 남에게 대접을 받고자 하는 대로 너희도 남을 대접하라 이것이 율법이요 선지자니라 좁은 문으로 들어가라 멸망으로 인도하는 문은 크고 그 길이 넓어 그리로 들어가는 자가 많고 생명으로 인도하는 문은 좁고 길이 협착하여 찾는 자가 적음이라

'좁은 문' 이란, 일반적인 인식과는 달리 어려운 길로 들어가는 문을 말하는 것은 아닙니다. 성경을 자세히 살펴보면 좁은 문이 어렵고 힘든 길로 통한다는 내용은 없습니다. 다만 그 문과 길이 좁기 때문에 쉽게 눈에 띄지 않을 것입니다. 즉 찾는 자에게만 보이는, 상대적으로 소수의 사람들이 선택하는 길인 것입니다. 그래서 예수님께서는 다른 비유에서 이렇게 말씀하십니다.

눅 12:31-32

다만 너희는 그의 나라를 구하라 그리하면 이런 것들을 너희에게 더하시리라 적은 무리여 무서워 말라 너희 아버지께서 그 나라를 너희에게 주시기를 기뻐하시느니라

다시 말해, 하나님의 말씀을 따라 그분의 나라를 우선에 두며 존중하는 삶을 사는 사람은 많지 않지만, 하나님께서는 그 적은 무리에게 그분 나라의 권세와 영광을 주시기 기뻐하신다는 것입니다.

그렇다면 겸손하게 낮아지기를 택하는 사람들에게 하나님께서 어떤 영광을 약속하셨는지, 앞 장에서 보았던 성경 구절들을 다시 짚어가며 구체적으로 확인해 봅시다.

마 18:1-4
그 때에 제자들이 예수께 나아와 이르되 천국에서는 누가 크니이까 예수께서 한 어린 아이를 불러 그들 가운데 세우시고 이르시되 진실로 너희에게 이르노니 너희가 돌이켜 어린 아이들과 같이 되지 아니하면 결단코 천국에 들어가지 못하리라 그러므로 누구든지 이 어린 아이와 같이 자기를 낮추는 사람이 천국kingdom of Heaven에서 큰 자니라

어린 아이들의 특징은 어른에 비해 자신을 쉽게 양보한다는 것입니다. 물론 떼를 쓰고 고집을 부릴 때도 있지만, 부모가 잘 가르치면 아이들은 결국 생각과 행동을 수정합니다. 우리도 이러한 어린 아이와 같은 심령을 가지고, 하나님의 말씀에 비추어 잘못된 부분을 발견했을 때 즉시 교훈을 얻고 방향을 전환해야 합니다. 살면서 누구나 실수는 할 수 있습니다. 다만 그럴 때 즉시 하나님의 말씀으로 돌아가서 잘못을 교정하는 태도를 유지한다면, 돌이킬 수 없을 정도로 큰 문제에 빠지는 일은 없을 것입니다. 그러나 고통 가운데에서도 여전히 자신의 그릇된 생각과 행동을 고집한다면 우리의 삶은 결코 나아지지 않을 것입니다.

감사하게도, 새로운 피조물에게는 말씀을 따라 살 수 있는 능력이 이미 주어졌습니다. 우리는 어떤 상황에서든지 바른 것을 선택하고 바르게 행할 수 있는 하나님과 같은 생명을 가졌습니다. 그러므로 이 진리를 인식하고, 새로운 피조물답게 존중의 삶을 살기로 결단하십시오. 감정이나 상황과 상관없이 그분의 말씀에 스스로 복종하기를 선택하고 훈련하십시오. 하나님께서는 이처럼 말씀 앞에 자신을 내려놓을 줄 아는 사람을 그분의 왕국에서 더 큰 권세의 자리에 앉히실 것이라고 말씀하십니다.

> 빌 2:6-11
> 그는 근본 하나님의 본체시나 하나님과 동등됨을 취할 것으로 여기지 아니하시고 오히려 자기를 비워 종의 형체를 가지사 사람들과 같이 되셨고 사람의 모양으로 나타나사 자기를 낮추시고 죽기까지 복종하셨으니 곧 십자가에 죽으심이라 이러므로 하나님이 그를 지극히 높여 모든 이름 위에 뛰어난 이름을 주사 하늘에 있는 자들과 땅에 있는 자들과 땅 아래에 있는 자들로 모든 무릎을 예수의 이름에 꿇게 하시고 모든 입으로 예수 그리스도를 주라 시인하여 하나님 아버지께 영광을 돌리게 하셨느니라

예수님께서 하늘이나 땅이나 심지어 땅 아래 있는 모든 것 위에 가장 뛰어난 이름을 얻게 된 이유는, 가장 낮아지셨기 때문입

니다. 그분의 순종이 먼저 있었기에, "이러므로" 그분이 높아지실 근거를 얻은 것입니다. 이것이 왕국의 원리입니다. 마치 자연계에서는 중력의 법칙이 절대 원리이듯, 하나님의 왕국 안에서는 '하나님의 아들'이라 하더라도 먼저 낮아져야 높아지는 것이 절대적인 원리입니다.

> 민 12:3
> 이 사람 모세는 온유함이 지면의 모든 사람보다 더하더라

이와 같이 모세는 당대에 그 누구보다 온유한 자로 인정받았습니다. 온유하다는 것은 말 그대로 '성품이 온화하고 부드럽다meek(KJV)'는 뜻이기도 하지만, 다른 영어성경에서는 이를 '겸손하다humble(NIV)'라고 적고 있습니다. 그는 물론 사람에게도 그러했지만, 무엇보다 하나님께 온유한 자로서 그분 앞에서 자기 고집을 내세우지 않고 항상 부드럽고 말랑말랑한 심령을 가지고 있었습니다. 그렇기 때문에 그는 이스라엘 백성을 이집트에서 이끌어내는 엄청난 사명에 리더로서 쓰임 받을 수 있었습니다.

비어 있는 그릇에만 새로운 것을 마음껏 채울 수 있듯이, 자신을 낮추고 비우는 사람이라야 하나님께서도 그를 통해 제한 받지 않고 일하실 수 있습니다. 모세도 그랬고, 예수님도 그랬습니다. 예수님께서는 "내가 스스로 아무 것도 하지 아니하고 오직 아버지께서 가르치신 대로 이런 것을 말한다"고 하셨고(요 8:28), 또한

"내가 하는 말은 스스로 하는 것이 아니라 아버지께서 내 안에 계셔서 그의 일을 하시는 것"이라고도 하셨습니다(요 14:10). 즉 자신의 개인적인 것은 모두 내려놓고 아버지의 뜻을 온전히 행하는 데에 삶의 모든 초점이 맞추어져 있었다는 뜻입니다. 이것이 겸손한 삶의 모범이셨던 분의 고백이었습니다. 우리도 이처럼 나의 색깔이 아닌 하나님의 색깔을 내면서 하나님께 온전히 붙잡힌 삶을 살아야 합니다. 자신을 가장 많이 비우는 자가 가장 많이 쓰임을 받게 됩니다.

그렇다고 우리가 가진 고유의 특성이나 재능을 모두 소멸시키고, 마치 복제인간처럼 다 똑같은 인격을 가져야 한다는 뜻은 아닙니다. 자기를 비운다는 것은, 우리의 변화되지 않은 혼이 스스로 그러하다고 잘못 믿게 된 "거짓 자아"를 제거한다는 뜻입니다. 하나님께서는 우리 각자를 향해 독특한 부르심을 계획하시고 그에 합당한 독특한 기질과 재능과 관심을 주셨습니다. 그리고 우리의 본질인 거듭난 영은 그 계획을 성취하는 데에 결코 부족함이 없습니다.

그러나 우리는 이 땅에 살면서 말씀과 반대되는 경험과 사상과 정보를 받아들이게 되었고, 이는 우리가 바른 심령으로 온전한 삶을 사는 데에 끊임없이 방해 요소로 작용하고 있습니다. 그러므로 우리는 그리스도 안에서 나의 "진짜 자아"가 무엇이며 그에 합당한 생활 방식은 무엇인지를 오직 하나님의 말씀을 통해 확인하고 취하여야 합니다. 그리고 말씀에서 말하는 바가 지금까지 내가 살아 온 방식과 일치하지 않는다면 과감히 예전 방식을 포기할 수 있어야 합니다. 이는 단지 높아진 자아를 말씀으로 다듬는 측면만을 이야기하는 것이 아닙니다. 하나님의 말씀에서 나의 정체성을 내 생각보다 더 크고 훌륭하게 묘사하고 있다면, 그것 또한 기꺼이 받아들이고 생각을 바꾸어야 합니다. 나는 죄가 많다고 생각하는데 말씀에서는 내가 의인이라고 한다면, 그대로 인정하십시오. 나는 평생 가난할 운명이라고 생각하는데 말씀에서는 내가 부요한 자라고 말한다면, 그것도 그대로 받아들이십시오. 그것이 하나님 앞에서 겸손하게 자신을 비운다는 말의 의미입니다.

우리가 진실로 이 세상에서 하나님의 대사가 되기 원한다면, 나의 뜻이 아니라 하나님의 뜻을 나타내며 살아가야 합니다. 결혼생활이든 자녀 양육이든 직장 문제든 어느 것이나 하나님 앞에서 "제가 무엇을 할까요?"라고 내려놓고 그분의 뜻을 구하십시오. 그분의 말씀이 각 분야에 대해 말씀하신 방향을 따라 틀을 잡으십시오.

하나님의 말씀은 모든 것의 중심을 꿰뚫고 있습니다. 적외선을 탐지하는 특수 장비를 사용하면 너무 어두워서 육안으로는 보이지 않던 물체들도 모두 드러나 보이게 됩니다. 하나님의 말씀이 그렇습니다. 말씀의 안경을 쓰게 되면, 복잡해 보이던 상황의 핵심을 훤히 들여다볼 수 있습니다. 당장은 계시가 일어나지 않더라도 성경 말씀의 지시를 따라 순종하면, 문제는 반드시 해결되고 그 사람은 성공하게 되어 있습니다. "주의 말씀은 내 발에 등이요 내 길에 빛이니이다"(시 119:105) 주의 말씀을 비추면 내가 가야 할 길, 내가 취해야 할 태도와 방법이 밝게 드러납니다.

하나님의 말씀 앞에서 나의 방식을 기꺼이 내려놓는 것이 겸손이라면, 겸손의 시작은 하나님의 말씀은 결코 변하지 않는 진리인 것을 믿는 것입니다. 그것이 경외하는 삶의 근본입니다. 우리가 세상의 말을 따라 살더라도 세상은 결코 우리의 성공을 보장해주지 않지만, 하나님의 말씀을 준수하면 하나님께서는 반드시 우리를 세워주십니다. 하나님의 말씀을 있는 그대로 받아들이고 행하십시오. 그분은 말씀을 따라 겸손한 심령으로 존중하는 삶을 사는 사람을 반드시 높이십니다.

존중하는 삶은 불신자의 구원에 영향을 미친다

모든 그리스도인의 삶의 방향은 복음 전파입니다. 이것이 우리가 구원받은 후에도 여전히 이 땅에 남아 있는 궁극적인 이유입니다. 세상 사람들은 그리스도인을 통해 간접적으로 하나님을 경험하게 됩니다. 우리가 그리스도의 대사로서 제대로 기능한다면 그들에게 좋은 인상을 주고 구원의 통로가 될 수도 있지만, 반대로 온전한 삶을 살지 못하면 나도 모르는 사이에 그들이 하나님을 만나는데 방해 요소가 될 수도 있습니다. 즉 우리가 존중하는 삶에 실패하면, 불신자의 구원을 좌우하는 영원한 결정에 영향을 미치게 된다는 것입니다.

> 딤전 6:1-2 (한글킹제임스)
> 멍에 아래 있는 모든 종은 자기 주인들을 모든 공경을 받을 자로 여기라. 이는 하나님의 이름과 그분의 교리가 모독을 받지 않게be not blasphemed 하려는 것이라. 믿는 주인을 섬기는 자들도 그들이 형제라고 해서 경히 여기지 말고 오히려 더욱 잘 섬겨야 하리니, 이는 그들이 신실하고 사랑받는 자들이며, 선한 일에 동참하는 자들이기 때문이라. …

위 구절에서 바울은 상전과 종, 요즘으로 말하면 고용주와 고용인의 관계에서 믿는 자가 가져야 할 태도에 대해 말하고 있습니다. 그리스도인은 그의 상사나 고용주가 어떤 사람이든지 간에, 마땅히 공경할 자로 여기고 존중해야 합니다. 왜냐하면 하나님의 이름과 그분의 교리가 우리로 인해 모독을 받을 수 있기 때문입니다.

위의 구절에서 "모독하다blaspheme"라는 말을 다른 번역본에서는 "훼방하다, 비방하다"라고도 해석합니다. 즉 "어떤 대상에 대해서 거슬러 말하다"라는 의미인 것입니다. 불신자들은 교회에 나와서 예배를 드리거나 말씀을 들어 본 적이 없으므로, 오직 그리스도인들을 통해서 예수 믿고 거듭난 삶이 어떠한지를 가늠하게 됩니다. 그런데 그들은 사탄의 영향력 아래 있으므로, 어떻게든 예수를 믿지 않을 이유를 찾고 싶어 합니다. 그러므로 그리스도인이 온전한 삶을 살지 못한다면 그들로 하여금 하나님을 거슬러 말하고 거절할 핑계를 주게 됩니다.

저도 과거에 불신자일 때 그리스도인들을 무시하면서 나름대로 제 신념을 합리화하려고 애썼습니다. 당시 제가 다니던 직장의 동료 중에 목사님의 딸이 있었는데, 안타깝게도 그 동료가 예수님을 믿고 주일에 교회에 다니는 모습들이 그다지 매력적으로 보이지 않았습니다. 사실 그분과 깊은 교제를 가진 것은 아니었지만, 표면적으로 볼 때에 저의 삶과 별다른 점을 발견할 수 없었던 것입니다. 그래서 '믿어도 별것 없네.'라고 생각하면서 스스로 위로했던 기억이 납니다. 아마도 아주 조금은 '저 사람이 믿는 것이 정말 진리이면 어떡하지?'라는 마음이 있었기에 그렇게 이유를 찾고 위안을 얻으려고 했던 것 같습니다.

이처럼 별다른 문제를 일으키지는 않지만 그저 평범하기만 한 그리스도인들을 보더라도 매력을 느끼지 못하고 예수님을 안 믿을 이유로 삼는데, 하물며 믿는 사람들 때문에 금전적 손해를 보거나 감정이 상하는 일을 겪었다면 어떨까요? 당신의 잘못된 행동은 당신 자신의 삶을 부정적인 방향으로 이끌 뿐 아니라, 주변 사람들에게도 영원한 영향을 미칠 수 있습니다. 그리스도인들이 존중하는 삶을 사는데 실패한다면, 그것은 상대로 하여금 하나님과 말씀을 거절할 구실을 주고, 하나님을 멀리 하게 만드는 영적인 결과를 가져오게 됩니다.

삼하 12:14

이 일로 말미암아 여호와의 원수가 크게 비방할blaspheme 거리를 얻게 하였으니 당신이 낳은 아이가 반드시 죽으리이다 하고

이 구절은 잘 아시다시피 다윗이 우리아를 죽이고 그 아내인 밧세바와 간음한 것에 대해 나단 선지자가 한 말입니다. 즉 다윗이 잘못된 행동을 함으로써 하나님을 섬기지 않는 사람들에게 하나님을 욕되게 할 거리를 주었다는 것입니다.

세상은 그리스도인들에게 더 높은 차원의 도덕적 수준을 기대하고 요구합니다. 그래서 같은 일이라도 그리스도인이 실수를 저지르면 "교회 다니는 사람이 왜 그래?"하고 더 크게 비판하곤 합니다.

롬 2:24

기록된 바와 같이 하나님의 이름이 너희 때문에 이방인 중에서 모독을 받는도다be blasphemed

우리가 온전히 행하지 않으면, 하나님의 이름이 불신자들에게 모독을 받게 됩니다. 이에 대해『매튜 헨리의 주석 성경』을 지은 매튜 헨리Matthew Henry는 다음과 같이 말했습니다.

그리스도인이라고 선언하는 사람들의 가장 큰 죄는 하나님을 공경하지 않는 것이다. 불신자들은 그렇게 행동하는 사람들로 말미암아 하나님을 거절하게 되는데, 그것은 그리스도인들이 그들의 잘못과 부주의로 불신자들이 그렇게 할 기회를 주었기 때문이다.

이와 같이 우리의 삶은 불신자들의 영원한 구원을 좌우하는 선택과 직접 연결되어 있습니다. 불신자들은 항상 우리를 지켜보고 있습니다. 그것도 비판할 거리를 찾으면서 날카로운 눈으로 말입니다. 그러므로 우리가 무심코 행한 잘못된 행동이나 삶이 그들에게는 영원한 생명의 문으로 들어갈 수 없게 하는 방해물이 될 수 있음을 항상 기억해야 할 것입니다.

딤전 5:14
그러므로 젊은이[여성]는 시집 가서 아이를 낳고 집을 다스리고 대적에게 비방할 기회를 조금도 주지 말기를 원하노라

딛 2:4-5
그들로 젊은 여자들을 교훈하되 그 남편과 자녀를 사랑하며 신중하며 순전하며 집안 일을 하며 선하며 자기 남편에게 복종하게 하라 이는 하나님의 말씀이 비방을 받지 않게 하려 함이라

위의 두 구절에서는 특별히 결혼한 여성 그리스도인들이 가정에서 이행해야 할 책임을 열거하면서, 그렇게 하지 않을 경우 믿지 않는 자들에게 하나님의 말씀이 모독을 받고 비방을 받을 것이라고 말하고 있습니다. 이에 대해 『애덤 클라크의 주석 성경』을 지은 애덤 클라크 Adam Clarke는 다음과 같이 말했습니다.

> 복음의 적은 그리스도인들의 온전치 못함을 즉시 잡아내는 눈을 가지고 있다. 그들은 그리스도인이라고 하는 여자들이 규칙적이지 못하게 사는 것을 보면, 하나님의 교리를 비난하며 깎아내리는 일을 놓치지 않는다.

간혹 교회 봉사에 열심을 내느라 가정을 제대로 돌보지 못하는 여자 성도님들이 계십니다. 그러나 애덤 클라크가 위에서 말하는 바와 같이, 이는 불신자들로 하여금 기독교를 비방하게 하는 커다란 빌미를 제공하는 일입니다.

또한 디도서에는 여자들은 물론, 남자와 종들에게도 그들이 취해야 할 방향과 기준을 제시하면서, 이는 불신자들에게 틈을 주지 않고 하나님을 높이기 위해서라고 공통적으로 말하고 있습니다.

> 딛 2:7-8, 10
> 범사에 네 자신이 선한 일의 본을 보이며 교훈에 부패하지 아니함과 단정함과 책망할 것이 없는 바른 말을 하게 하라 이는

대적하는 자로 하여금 부끄러워 우리를 악하다 할 것이 없게 하려 함이라 … 이는 범사에 우리 구주 하나님의 교훈을 빛나게[단장하게, 돋보이게] 하려 함이라

위의 구절에서 하나님의 교훈을 '빛나게' 한다는 것은, 다른 말로 '단장하게', '돋보이게'라고도 할 수 있습니다. 즉, 우리가 존중하는 삶을 살 때 불신자들 앞에 하나님의 교리가 아름답고 매력적으로 보이게 된다는 것입니다.

벧전 3:1-2, 7
아내들아 이와 같이 자기 남편에게 순종하라 이는 혹 말씀을 순종하지 않는 자라도 말로 말미암지 않고 그 아내의 행실로 말미암아 구원을 받게 하려 함이니 너희의 두려워하며 정결한 행실을 봄이라 …
남편들아 이와 같이 지식을 따라 너희 아내와 동거하고 그를 더 연약한 그릇이요 또 생명의 은혜를 함께 이어받을 자로 알아 귀히 여기라 이는 너희 기도가 막히지 아니하게 하려 함이라

이와 같이 남편과 아내 사이에서도 존중하는 삶을 살아갈 때, 불신자를 구원의 길로 인도하게 되고 또한 그 자신도 하나님의 왕국 안에서 효과적으로 기능할 수 있게 됩니다.

단 6:1-4

다리오가 자기의 뜻대로 고관 백이십 명을 세워 전국을 통치하게 하고 또 그들 위에 총리 셋을 두었으니 다니엘이 그 중의 하나이라 이는 고관들로 총리에게 자기의 직무를 보고하게 하여 왕에게 손해가 없게 하려 함이었더라 다니엘은 마음이 민첩하여an excellent spirit was in him;탁월한 영이 있으므로 총리들과 고관들 위에 뛰어나므로 왕이 그를 세워 전국을 다스리게 하고자 한지라 이에 총리들과 고관들이 국사에 대하여 다니엘을 고발할 근거를 찾고자 하였으나 아무 근거, 아무 허물도 찾지 못하였으니 이는 그가 충성되어 아무 그릇됨도 없고 아무 허물도 없음이었더라

다니엘을 시기하던 사람들은 그를 고소할 근거를 찾고자 했으나 아무런 빌미도 찾지 못했습니다. 그는 충성되고 아무런 잘못도 허물도 없는 사람이었기 때문입니다. 그는 이처럼 존중의 삶을 온전히 실천하며 사는 사람이었습니다.

성경은 또한 그에게 "탁월한 영"이 있었다고 말합니다. 그는 구약 시대의 성도였기 때문에 영이 거듭나지도 성령을 받지도 않았습니다. 그러나 말씀을 따라 하나님을 경외하고 사람들을 존중하며 사는 가운데 탁월한 영을 받았습니다.

그렇다면 새로운 피조물로 거듭난 우리는 더 말할 것도 없습니다. 우리는 이미 하나님의 생명과 본성을 가지고 있습니다. 그러

므로 우리는 이를 통하여 매사에 탁월함을 나타내야 합니다. 생각과 말과 행동과 태도 등 모든 면에서 평범함을 거부하고 세상과 다르게 살기로 결단해야 합니다. 세상 사람들은 자기 꾀로 자기의 유익을 추구하며 살아갑니다. 그러나 우리는 정직하고 신실하게 진리를 추구하고 정로를 걸어감으로써, 결국 '예수 믿는 사람은 다르다' 라는 인정을 받아야 합니다.

> 벧전 2:11-12
> 사랑하는 자들아 거류민과 나그네 같은 너희를 권하노니 영혼을 거슬러 싸우는 육체의 정욕을 제어하라 너희가 이방인 중에서 행실을 선하게 가져 너희를 악행한다고 비방하는 자들로 하여금 너희 선한 일을 보고 오시는 날에 하나님께 영광을 돌리게 하려 함이라

또한 위 구절은 우리의 바른 행실로 말미암아 우리를 비방하던 불신자들이 하나님의 방문을 받는 날에 응답하고 하나님께 영광을 돌리게 될 것이라고 말합니다.

지금까지 살펴본 바와 같이, 그리스도인들의 삶과 태도는 불신자들의 영원한 영적 선택에 지대한 영향력을 가집니다. 우리가 존중의 삶을 사는 것에 대해 당장은 아무런 반응이 없는 것 같아도, 나중에 때가 되어 주님의 부름을 받을 때 우리에 대한 기억과 인상이 결정적인 영향을 미칠 수 있습니다.

그러나 안타깝게도 당장 우리나라를 보더라도, 그리스도인들이 사회에 그다지 큰 영향력을 미치지 못하고 있는 것 같습니다. '역시 예수 믿는 사람들은 믿을만하다.' 라는 평가를 받는 것이 정상인데, 오히려 비판의 대상이 되고 심지어 '예수쟁이들 때문에 예수 안 믿는다.' 라는 말까지 나옵니다. 이와 같이 우리의 사소한 행동으로 인해 불신자들이 하나님으로부터 멀어져 끝내 돌아오지 않고 지옥에 가게 된다면, 이보다 더 안타깝고 하나님의 마음을 아프게 하는 일이 어디 있겠습니까?

그러므로 거듭난 우리는 이 땅에 사는 동안 불신자들이 하나님을 만나는데 걸림돌이 되지 않도록 항상 인식하고 주의해야 합니다. 나아가 단순히 걸림이 되지 않는 정도가 아니라, 모든 면에서 탁월한 수준에서 기능해야 합니다. 세상 사람들은 항상 믿지 않을 구실을 찾고 있으므로, 그리스도인이 자신과 비슷한 수준으로 사는 것을 보아서는 큰 관심을 두지 않을 가능성이 많습니다. 나로 인해 "저 사람은 뭔가 특별하다. 예수님을 믿으면 나도 저렇게 될까?"라는 고백이 나올 것을 기대하십시오. 작은 일 하나에도 다른 사람과 구별되는 탁월한 태도를 나타내고, 또한 내가 놓인 자리에서 탁월한 성과를 내기로 결단하십시오. 그것이 하나님께서 당신을 향해 계획하신 삶이며, 당신이 그러한 삶을 살아갈 때 주변의 불신자들도 더 이상 하나님을 거절할 핑계를 찾기가 어렵게 될 것입니다.

존중하는 삶은 우리의 지속적인 삶의 방식이다

우리는 어떤 상황에서든지 존중하는 삶의 방식을 유지해야 합니다. 하나님의 말씀이 한 가지 방향만을 말씀하고 있기 때문입니다. 말씀은 모든 것의 핵심을 다루고 있으므로, 당장은 이해되지 않더라도 그분의 말씀을 따라가다 보면 머지않아 모든 것이 있어야 할 자리를 찾게 됩니다.

예를 들어 성경에서는 아내에게 믿지 않는 남편일지라도 순종하라고 말씀하고 있습니다. 인간적인 관점으로는 "내가 그렇게 계속 순종하면 남편이 기고만장해져서 나를 더 우습게 보는 것 아닌가?"라고 생각할 수도 있습니다. 그러나 축복을 주시는 분은 남편이 아니라 하나님이십니다. 우리가 하나님의 말씀을 따라 해야 할 바를 하면, 하나님께서는 직접 자신이 약속하신 결과를 주실 것입니다.

대상이 그리스도인이든 불신자든 상관없습니다. 또한 누가 보든 안 보든, 나에게 이익이 되든 안 되든 상관없습니다. 가정이나 직장이나 교회나 어느 영역에서든지 우리는 오직 존중하는 삶만을 살기로 선택해야 합니다.

보통 사람들은 존중하는 삶에 대해 알더라도, 상황에 따라 예외가 있을 수 있다고 생각합니다. 왜냐하면 전능하신 하나님과 그분의 말씀의 능력을 믿지 않기 때문입니다. 그들은 예수님께서 "네 오른편 뺨을 치거든 왼편도 돌려 대며 … 너로 억지로 오 리를 가게 하거든 그 사람과 십 리를 동행"(마 5:39-41)하라고 하신 말씀을 결코 이해할 수 없습니다. 그들은 하나님의 말씀이 우리 삶에서 최고의 방향을 제시하고 있다는 것을 믿지 못하기 때문에, 이 말씀대로 하다가는 손해를 볼 것이라고 생각합니다.

그러나 위 말씀은 단지 매를 더 맞고, 귀찮은 일을 더 해주는 '행동'에 대한 이야기가 아닙니다. 예수님께서 위의 말씀에서 정말로 다루고자 하신 것은 우리의 태도입니다. 사실 모든 인간관계의 문제는 다듬어지지 않은 태도에서 비롯됩니다. 상대가 나에게 손해를 주면 똑같이 맞서서 갚아야 한다는 태도 때문에 문제가 더 확대되는 것입니다. 이에 예수님께서는 상대가 나를 어떻게 대하든 수용할 수 있는 태도를 가지라고 말씀하신 것입니다.

교회 안에서도 마찬가지입니다. 때로는 성도들끼리 부딪히고 분란이 일어나는 경우가 있는데, 이럴 때 세상에서 으레 그러하듯이 잘잘못을 따지려고 하면 문제는 더욱 복잡해집니다. 우리 속담에도 '손뼉도 마주쳐야 소리가 난다'는 말이 있는데, 사실 어느 한 쪽에서 반응을 하지 않으면 문제는 자연스럽게 사라지게 됩니다. 부정적인 소문이 확산되는 것도 그렇습니다. 그런 말을 접할 때 같이 맞장구치고 들어줄 것이 아니라, 누구 한 사람이라도 흐름을 끊어준다면 잘못된 소문이 크게 확대되는 일은 없을 것입니다.

상대방이 어둠의 영향을 받아서 나에게 악하게 행할 때, 거기에 맞서기 시작하면 나도 똑같이 사탄의 영향력에 틈을 내어 주는 것입니다. 각각의 심령에서 나온 칼이 부딪힐 때 사탄이 득세하는 영적 분위기가 형성됩니다. 그러나 둘 중 한 사람만이라도 온유한 마음으로 태도를 달리 한다면 문제는 더 이상 발전되지 않을 것이며, 그런 사람은 삶의 다른 부분에서도 마귀에게 발판을 내어주지 않을 것입니다.

이와 같이 성경은 모든 것의 중심을 다루고 있습니다. 말씀은 특별히 우리의 "심령"이 모든 문제를 푸는 열쇠라는 것을 강조합니다. 세상 사람들의 눈에는 미련하고 답답해 보이더라도, 우리는 항상 철저하게 하나님의 말씀을 따라 삽니다. 그 결과가 어떻게 될지에 대해서는 걱정할 필요가 없습니다. 이것은 하나님의 약속이고 핵심을 다루는 말씀이기 때문에, 반드시 하나님께서 정하신 결과가 나타나게 되어 있습니다.

> 벧전 2:9, 18
> 그러나 너희는 택하신 족속이요 왕 같은 제사장들이요 거룩한 나라요 그의 소유가 된 백성이니 이는 너희를 어두운 데서 불러 내어 그의 기이한 빛에 들어가게 하신 이의 아름다운 덕을 선포하게 하려 하심이라 …
> 사환들아 범사에 두려워함으로 주인들에게 순종하되 선하고 관용하는 자들에게만 아니라 또한 까다로운 자들에게도 그리하라

대부분의 신약 성경은 구약의 율법과는 달리, 단순히 '하라, 하지 말라'라는 행동 규범만을 명령하는 것이 아니라, 우리가 왜

그런 행동을 할 수 있는지 새로운 피조물의 관점에서 가르치고 인식시킨 후에 '그러므로 이러이러한 것을 하라'라고 권면하는 흐름으로 이루어져 있습니다.

위의 베드로전서도 마찬가지입니다. 먼저 9절에서는 거듭난 우리가 그리스도 안에서 어떤 존재인지를 아름답게 묘사한 후에, 그러므로 우리가 어떤 태도를 가지고 어떻게 행동해야 할지를 알려 주고 있습니다. 18절을 보면 선한 사람에게만이 아니라 까다로운 사람에게도, 즉 상대가 어떤 사람이든지 하나의 방향으로 바른 태도를 유지하라고 이야기합니다.

딛 3:2-7

아무도 비방하지 말며 다투지 말며 관용하며 범사에 온유함을 모든 사람에게 나타낼 것을 기억하게 하라 우리도 전에는 어리석은 자요 순종하지 아니한 자요 속은 자요 여러 가지 정욕과 행락에 종 노릇 한 자요 악독과 투기를 일삼은 자요 가증스러운 자요 피차 미워한 자였으나 우리 구주 하나님의 자비와 사람 사랑하심이 나타날 때에 우리를 구원하시되 우리가 행한 바 의로운 행위로 말미암지 아니하고 오직 그의 긍휼하심을 따라 중생의 씻음과 성령의 새롭게 하심으로 하셨나니 우리 구주 예수 그리스도로 말미암아 우리에게 그 성령을 풍성히 부어 주사 우리로 그의 은혜를 힘입어 의롭다 하심을 얻어 영생의 소망을 따라 상속자가 되게 하려 하심이라

위의 구절에서도 모든 일에 모든 사람에게, 어떤 경우에라도 온유함을 나타내라고 말씀합니다. 그리고 이어서 우리가 왜 그렇게 할 수 있는지를 설명합니다. 사실 거듭나기 전에 우리는 결코 그런 일을 할 수 없는 사람이었습니다(3절). 그러나 하나님의 은혜를 통해 의인으로 새롭게 거듭 나고 성령 충만을 받음으로 말미암아, 이제는 능히 모든 일에 온유함으로 반응할 수 있게 되었습니다.

> 딤전 5:21
> 하나님과 그리스도 예수와 택하심을 받은 천사들 앞에서 내가 엄히 명하노니 너는 편견이 없이 이것들을 지켜 아무 일도 불공평하게 하지 말며

위 말씀은 범죄자들을 책망하는 상황에 대해 이야기하면서, 편견 없이 공평하게 일을 처리하라고 말합니다. 이런 면에서 존중하는 삶을 사는 것은 매 순간 육신을 거절하는 삶입니다. 보통의 세상 사람들은 내가 존중할만하다고 여기는 상대만 존중하고, 또한 내가 좋아하거나 나와 가까운 사람에게는 더 관대하게 대하는 것을 당연하게 여깁니다. 그러나 그리스도인의 삶은 다릅니다. 우리는 육신적인 관계나 나의 개인적인 호불호에 상관없이 누구에게나 일관되게 공정하고 온유한 태도를 유지합니다. 비슷한 말씀을 하나 더 보겠습니다.

약 2:1-9

내 형제들아 영광의 주 곧 우리 주 예수 그리스도에 대한 믿음을 너희가 가졌으니 사람을 차별하여 대하지 말라 만일 너희 회당에 금 가락지를 끼고 아름다운 옷을 입은 사람이 들어오고 또 남루한 옷을 입은 가난한 사람이 들어올 때에 너희가 아름다운 옷을 입은 자를 눈여겨 보고 말하되 여기 좋은 자리에 앉으소서 하고 또 가난한 자에게 말하되 너는 거기 서 있든지 내 발등상 아래에 앉으라 하면 너희끼리 서로 차별하며 악한 생각으로 판단하는 자가 되는 것이 아니냐 내 사랑하는 형제들아 들을지어다 하나님이 세상에서 가난한 자를 택하사 믿음에 부요하게 하시고 또 자기를 사랑하는 자들에게 약속하신 나라를 상속으로 받게 하지 아니하셨느냐 너희는 도리어 가난한 자를 업신여겼도다 부자는 너희를 억압하며 법정으로 끌고 가지 아니하느냐 그들은 너희에게 대하여 일컫는 바 그 아름다운 이름을 비방하지 아니하느냐 너희가 만일 성경에 기록된 대로 네 이웃 사랑하기를 네 몸과 같이 하라 하신 최고의 법을 지키면 잘하는 것이거니와 만일 너희가 사람을 차별하여 대하면 죄를 짓는 것이니 율법이 너희를 범법자로 정죄하리라

위 말씀은 예수 그리스도를 믿는 형제들에게, 겉으로 보이는 것이나 경제력을 기준으로 사람을 판단하고 차별하지 말라고 권면합니다. 이와 관련하여 "하나님께서는 외모로 사람을 취하지 아니하

신다"(롬 2:11)라는 말씀이 있습니다. NIV 영어성경에서는 이 구절을 "하나님은 편애를 나타내지 않으신다God does not show favoritism"라고 표현합니다. 즉 하나님께서는 특정 대상에 대한 선호나 취향 같은 것이 없으시다는 뜻입니다. 세상의 기준으로는 아주 작은 자일지라도, 또는 심지어 하나님을 거부하고 저주하는 자일지라도 하나님께서는 여전히 사랑의 눈으로 그들을 바라보십니다. "누구든지 내 이름으로 이런 어린 아이 하나를 영접하면 곧 나를 영접함이니" 이와 같이 상대가 누구든지 일관되게 존중의 태도를 유지한다면, 예수님께서는 곧 그분 자신이 직접 당신으로부터 영접 받으신 것처럼 여기시고 영광의 보상을 하실 것입니다.

　속에 복숭아를 넣어 놓고 겉에는 파인애플 통조림이라고 쓴다고 해서, 그것이 파인애플을 담은 통이 되는 것은 아닙니다. 이처럼 우리 자신이 어떤 사람인지 말해주는 것은, 우리에게 주어진 명칭이나 직책이 아니라 결국 우리 안에 품고 있는 중심입니다. 우리는 그리스도인이며, 영으로 사는 자입니다. 무슨 일에든, 누구에게든, 육신이 아닌 말씀을 따라 존중의 삶을 살아갈 때, 우리의 모든 축복의 근원이신 하나님께서 합당한 권세와 열매를 보장하실 것입니다.

존중하는 삶은 심령에서 나와야 한다

　존중하는 삶은 근본적으로 우리의 심령에서부터 비롯됩니다. 존중하는 삶이란 궁극적으로 행동 자체가 아니라 행동의 바탕이 되는 태도를 다루는 것인데, 태도는 영에서부터 나오는 것이기 때문입니다. 우리가 무슨 일에 직면하든지 거기에는 항상 육신적인 반응과 영적인 반응이 존재합니다. 거듭났음에도 불구하고 거듭난 심령의 특성과 방향을 잘 알지 못하고 어두움을 허용하는 사람이라면, 육신적인 반응을 택하게 될 것입니다. 그러므로 우리는 매 순간 하나님의 말씀을 인식하면서, 나의 거듭난 영이 나의 일상적인 반응과 방향을 결정하고 나의 태도를 바르게 주관할 수 있도록 내어주어야 합니다.

> 벧전 2:18
> 사환들아 범사에 두려워함으로 주인들에게 순종하되 선하고 관용하는 자들에게만 아니라 또한 까다로운 자들에게도 그리하라

우리의 육신은 상대가 누군지에 따라 다르게 반응합니다. 상대가 나에게 까다롭게 굴면 나도 그를 똑같이 대하면서, 그것이 내 자존심을 지키는 길이라고 믿곤 합니다. 그러나 말씀의 방향은 항상 하나입니다. 따라서 우리의 심령heart도 말씀을 따라 항상 동일하게 반응해야 합니다.

> 엡 6:5-8
> 종들아 두려워하고 떨며 성실한 마음heart으로 육체의 상전에

게 순종하기를 그리스도께 하듯 하라 눈가림만 하여 사람을 기쁘게 하는 자처럼 하지 말고 그리스도의 종들처럼 마음heart 으로 하나님의 뜻을 행하고 기쁜 마음으로 섬기기를 주께 하듯 하고 사람들에게 하듯 하지 말라 이는 각 사람이 무슨 선을 행하든지 종이나 자유인이나 주께로부터 그대로 받을 줄을 앎이라

존중하는 삶은 항상 심령으로부터 나와서 하나님의 뜻을 향하여 갑니다. 사람의 눈보다 하나님의 눈을 의식하며 모든 일에 하나님을 직접 대하는 듯한 태도를 유지하는 것입니다.

이는 하나님의 근원되심과 신실하심을 신뢰하기 때문에 가능한 일입니다. 결국 우리의 삶은, 근본적으로 사람들과의 문제가 아니라 하나님과 나와의 문제입니다. 물론 우리가 직접적으로 대하는 것은 눈에 보이는 사람들이지만, 우리가 어떤 중심과 동기를 가지고 임했는지를 감찰하고 보상하시는 분은 하나님이심을 항상 기억해야 합니다.

골 3:22-23
종들아 모든 일에 육신의 상전들에게 순종하되 사람을 기쁘게 하는 자와 같이 눈가림만 하지 말고 오직 주를 두려워하여 성실한 마음으로in singleness of heart 하라 무슨 일을 하든지 마음을 다하여 주께 하듯 하고 사람에게 하듯 하지 말라

위 구절에서 "성실한 마음으로"라는 말은 '전심으로', '일편단심으로'라는 말로도 바꾸어 볼 수 있습니다. 이처럼 온 심령을 하나의 방향, 즉 하나님의 말씀의 방향에 집중할 때 비로소 존중하는 삶을 온전히 살아갈 수 있습니다.

존중하는 삶의 근원은 하나님을 경외하는 것이다

그렇다면 우리의 심령에서 존중하는 태도가 나오게 하는 원동력은 무엇일까요? 위에서 보았던 골로새서 말씀을 다시 한 번 보겠습니다.

> 골 3:22
> 종들아 모든 일에 육신의 상전들에게 순종하되 사람을 기쁘게 하는 자와 같이 눈가림만 하지 말고 오직 주를 두려워하여 fearing God 성실한 마음으로 하라

이와 같이 우리가 심령을 다하여 바른 태도를 유지할 수 있는 비결은 바로 "주를 두려워하여", 즉 "하나님을 경외함"을 통해서입니다. 사람의 눈을 기준으로 삶의 방향을 결정한다면, 결코 온전한 승리를 경험할 수 없습니다. 왜냐하면 사람의 반응은 상황과 때에 따라 얼마든지 바뀔 수 있기 때문입니다.

그러나 하나님은 결코 변하지 않으십니다. 하나님만이 우리의

근원이시며 우리가 최우선으로 의식해야 할 분입니다. 그리고 그분은 정확한 해답을 가지고 계십니다. "하나님의 말씀은 살아 있고 활력이 있어 좌우에 날선 어떤 검보다도 예리하여 혼과 영과 및 관절과 골수를 찔러 쪼개기까지 하며 또 마음의 생각과 뜻을 판단하나니 지으신 것이 하나도 그 앞에 나타나지 않음이 없고"(히 4:12-13) 그분의 말씀 앞에 드러나지 않는 비밀이 없고, 풀리지 않는 문제가 없습니다. 우리는 이것을 인정하기 때문에 그분의 말씀에서 제시하는 대로 '존중의 삶'을 나의 삶의 방식으로 삼아 살아가는 것입니다.

> 잠 15:33
> 여호와를 경외하는 것The fear of the LORD은 지혜의 훈계라
> 겸손은 존귀honour의 길잡이니라

> 잠 22:4
> 겸손과 여호와를 경외함the fear of the LORD의 보상은 재물과 영광honour과 생명이니라

지혜는 여호와를 경외할 것을 가르치며, 겸손은 존귀에 앞서 그것을 이끕니다. 즉, 지혜로운 자는 여호와를 경외하며, 겸손한 자는 반드시 하나님으로부터 높임을 받게 된다는 것입니다. 또한 겸손과 여호와에 대한 경외 안에는 부와 영광과 생명이 다 있습니다.

이것이 성경의 철저한 법칙입니다.

그렇다면 여호와를 "경외"한다는 것은 정확히 무슨 뜻일까요? 이에 해당되는 영어 표현을 직역하면 "하나님을 두려워 함fear of God"이라고 해석할 수 있습니다. 그러나 이는 하나님께 실수하고 꾸짖음 당할 것을 겁내는 그런 부정적인 감정을 말하는 것이 아닙니다. 오히려 하나님께 모든 것을 온전히 내어드리고 그분의 기쁨이 되고자 하는 뜨거운 갈망에서 비롯된, 건강하고 균형 잡힌 '거룩한 두려움'을 말합니다.

예수님께서는 "나의 양식은 나를 보내신 이의 뜻을 행하며 그의 일을 온전히 이루는 것"(요 4:34)이며, "나는 항상 나를 보내신 이가 기뻐하시는 일을 행하므로 그분께서 나를 혼자 두지 아니하시고 나와 함께 하신다"(요 8:29)라고 말씀하셨습니다. 즉 예수께서 이 땅에서 이루신 모든 삶과 사역의 원동력은 바로 하나님에 대한 경외에서 비롯되었으며, 그분은 오직 하나님께서 지시하시고 기뻐하시는 일만 하셨기에 행하는 모든 일에 하나님의 영광이 따랐습니다.

이러한 원리는 우리에게도 동일하게 적용됩니다. "너희가 나를 사랑하면 나의 계명을 지키리라 내가 아버지께 구하겠으니 그가 또 다른 보혜사를 너희에게 주사 영원토록 너희와 함께 있게 하리니"(요 14:15-16) 이는 예수님께서 돌아가시고 부활하시기 전에, 앞으로 믿는 자들에게 오실 성령님에 대해 하신 말씀입니다. 이것을 이미 거듭난 우리에게 적용해 보면, 우리가 하나님을 사랑하고 경외함으로써 그분의 말씀(계명) 앞에 겸손한 태도를 유지할 때, 그분의 은혜와 기름부음이 제한받지 않고 나타날 것이라는 보장의 말씀으로 해석할 수 있을 것입니다.

> 엡 5:21-25
> 그리스도를 경외함으로in the fear of God 피차 복종하라 아내들이여 자기 남편에게 복종하기를 주께 하듯 하라 이는 남편이 아내의 머리 됨이 그리스도께서 교회의 머리 됨과 같음이니 그가 바로 몸의 구주시니라 그러므로 교회가 그리스도에게 하듯 아내들도 범사에 자기 남편에게 복종할지니라 남편들아 아내 사랑하기를 그리스도께서 교회를 사랑하시고 그 교회를 위하여 자신을 주심 같이 하라

위 구절에서도 남편과 아내가 서로 가져야 할 태도를 설명하면서, 하나님께 혼나지 않기 위해서가 아니라, 새로운 피조물로서 마땅히 하나님을 기쁘시게 하는 삶을 살기 위해서 그렇게 하라고 말씀하고 있습니다.

> 벧전 2:16-3:1
> 너희는 자유가 있으나 그 자유로 악을 가리는 데 쓰지 말고 오직 하나님의 종과 같이 하라 뭇 사람을 공경하며 형제를 사랑하며 하나님을 두려워하며Fear God 왕을 존대하라 사환들

아 범사에 두려워함으로 주인들에게 순종하되 선하고 관용하는 자들에게만 아니라 또한 까다로운 자들에게도 그리하라 부당하게 고난을 받아도 하나님을 생각함으로 슬픔을 참으면 이는 아름다우나 죄가 있어 매를 맞고 참으면 무슨 칭찬이 있으리요 그러나 선을 행함으로 고난을 받고 참으면 이는 하나님 앞에 아름다우니라 이를 위하여 너희가 부르심을 받았으니 그리스도도 너희를 위하여 고난을 받으사 너희에게 본을 끼쳐 그 자취를 따라오게 하려 하셨느니라 그는 죄를 범하지 아니하시고 그 입에 거짓도 없으시며 욕을 당하시되 맞대어 욕하지 아니하시고 고난을 당하시되 위협하지 아니하시고 오직 공의로 심판하시는 이에게 부탁하시며 친히 나무에 달려 그 몸으로 우리 죄를 담당하셨으니 이는 우리로 죄에 대하여 죽고 의에 대하여 살게 하심이라 그가 채찍에 맞음으로 너희는 나음을 얻었나니 너희가 전에는 양과 같이 길을 잃었더니 이제는 너희 영혼의 목자와 감독 되신 이에게 돌아왔느니라 아내들아 이와 같이 자기 남편에게 순종하라 이는 혹 말씀을 순종하지 않는 자라도 말로 말미암지 않고 그 아내의 행실로 말미암아 구원을 받게 하려 함이니

위 구절에 따르면 우리에게 어려움이 오는 데에는 두 가지 통로가 있습니다(19-20절). 첫 번째는 본인은 선을 행했음에도 불구하고 오히려 부당하게 그로 인해 고난을 당하는 경우이고,

두 번째는 자신이 저지른 잘못에 대한 대가로 당하는 경우입니다. 그런데 둘 중 첫 번째로 부당하게 어려움을 당한 경우라도, 하나님을 의식하며 참는다면 하나님 앞에서 아름다운 일이며, 오히려 우리가 이 일을 위하여 부르심을 받았다고 말하고 있습니다.

이는 우리가 '고난을 받기 위해' 부르심을 받았다는 뜻이 아니라, 주위의 반응이나 상황에 상관없이, 설사 고난이 따른다 하더라도 '선한 일을 행하기 위해' 부르심을 받았다는 뜻입니다. 하나님께서는 우리가 능히 그런 선한 일을 감당할 수 있도록 의의 본성을 주셨을 뿐 아니라, 예수님을 통해 극한 고난 가운데에서도 사람들과 하나님을 사랑하는 자의 모범을 보여 주셨습니다. 즉 행할 능력과 추구할 방향을 모두 받았으므로 우리는 그저 그대로 나아가기만 하면 되는 것입니다.

예수님께서는 사람들로 말미암아 핍박을 당하셨지만 그것이 사람들과의 문제가 아닌 것을 아셨습니다. 그분은 오직 하나님의 부르심을 이루는 데에 이 땅에서의 삶의 목적을 두셨으며, 그 과정에서 따르는 고난이나 방해에 대한 심판은 하나님께 맡기셨습니다.

이처럼 어떤 상황에서도 하나님을 바라보고, 그분을 신뢰하고 경외하는 것이 존중하는 삶의 근원이며, 우리도 능히 그런 삶을 살 수 있습니다.

요셉의 경외하는 삶

우리는 요셉의 삶을 통해서도 하나님을 경외하는 삶의 모범을 발견할 수 있습니다. 그는 야곱의 사랑받는 아들로 태어났지만, 그로 인해 형제들에게 죽임을 당할 뻔했다가 애굽에 노예로 팔려갔습니다. 하루아침에 신분이 바닥으로 떨어진 것입니다. 그러나 그는 그런 상황에서도 시종일관 하나님을 바라보고 그분이 주신 부르심을 붙잡으며 바른 태도를 유지했습니다.

> 창 39:1-5
> 요셉이 이끌려 애굽에 내려가매 바로의 신하 친위대장 애굽 사람 보디발이 그를 그리로 데려간 이스마엘 사람의 손에서 요셉을 사니라 여호와께서 요셉과 함께 하시므로 그가 형통한 자가 되어 그의 주인 애굽 사람의 집에 있으니 그의 주인이 여호와께서 그와 함께 하심을 보며 또 여호와께서 그의 범사에 형통하게 하심을 보았더라 요셉이 그의 주인에게 은혜를 입어 섬기매 그가 요셉을 가정 총무로 삼고 자기의 소유를 다 그의 손에 위탁하니 그가 요셉에게 자기의 집과 그의 모든 소유물을 주관하게 한 때부터 여호와께서 요셉을 위하여 그 애굽 사람의 집에 복을 내리시므로 여호와의 복이 그의 집과 밭에 있는 모든 소유에 미친지라

이방인이었던 주인 보디발이 느낄 정도로 하나님께서는 요셉에게 복을 주셨고 그로 인해 보디발의 집도 큰 복을 받았습니다. 그러나 요셉은 보디발의 부인에 의해 다시 억울한 누명을 쓰고 감옥에 갇히게 됩니다.

그럼에도 불구하고 요셉은 여전히 존중하는 삶의 태도를 놓지 않았습니다. 그는 감옥 안에서도 다른 죄수들의 안색을 일일이 살필 정도로 타인을 섬기는 삶을 살았고, 그로 인해 마침내 나이 서른에 애굽의 총리로 세워지는 기회를 얻게 되었습니다.

창 41:37-46
바로와 그의 모든 신하가 이 일을 좋게 여긴지라 바로가 그의 신하들에게 이르되 이와 같이 하나님의 영에 감동된 사람을 우리가 어찌 찾을 수 있으리요 하고 요셉에게 이르되 하나님이 이 모든 것을 네게 보이셨으니 너와 같이 명철하고 지혜 있는 자가 없도다 너는 내 집을 다스리라 내 백성이 다 네 명령에 복종하리니 내가 너보다 높은 것은 내 왕좌뿐이니라 바로가 또 요셉에게 이르되 내가 너를 애굽 온 땅의 총리가 되게 하노라 하고 자기의 인장 반지를 빼어 요셉의 손에 끼우고 그에게 세마포 옷을 입히고 금 사슬을 목에 걸고 자기에게 있는 버금 수레에 그를 태우매 무리가 그의 앞에서 소리 지르기를 엎드리라 하더라 바로가 그에게 애굽 전국을 총리로 다스리게 하였더라 바로가 요셉에게 이르되 나는 바로라 애굽 온 땅에서 네 허락이 없이는 수족을 놀릴 자가 없으리라 하고 그가 요셉의 이름을 사브낫바네아라 하고 또 온의 제사장 보디베라의 딸 아스낫을 그에게 주어 아내로 삼게 하니라 요셉이 나가 애굽 온 땅을 순찰하니라 요셉이 애굽 왕 바로 앞에 설 때에 삼십 세라 그가 바로 앞을 떠나 애굽 온 땅을 순찰하니

이는 오늘날로 치면 마치 우리나라 교포가 미국의 대통령이 된 것과 같은 일입니다. 물론 그도 어릴 때에는 비전을 나눌만한 상대가 아닌 형제들에게 꿈을 잘못 말함으로써 어려움을 당했습니다. 그러나 이후 많은 고난 가운데에서도 주어진 자리에서 시종일관 충성하고 훈련받음으로써, 마침내 수많은 사람들의 생명을 살리고 커다란 영향력을 미치는 자리에 세워졌습니다.

무엇보다 그는 하나님을 최우선에 두고 의식했습니다. 보디발의 아내가 유혹할 때에도 그의 대답은 하나님과 주인 앞에 죄를 지을 수 없다는 것이었습니다(창 39:9). 즉 하나님에 대한 경외에서 비롯된 존중하는 삶의 태도가 그로 하여금 비전을 이루고 최고의 자리에 앉을 수 있도록 인도한 것입니다.

이러한 삶을 사는 것은 지속적인 선택의 과정입니다. 늘 하나님을 의식하고 그분의 말씀대로 살아가려 하지만, 도저히 바르게 행동하기 어려운 상황에 직면할 수도 있습니다. 그러나 그럴 때에도 우리 안에 계신 성령의 능력을 풀어내고 바른 것을 선택하기를 습관화하다 보면, 마침내 우리의 성품 자체도 변하게 됩

니다. 즉 우리가 영적으로 성장함과 더불어 존중하는 태도를 삶의 방식으로 정착시키면, 거듭난 영의 열매(갈 5장)가 우리의 성품 가운데 풍성히 맺히고 나를 통해 그리스도가 온전히 드러나게 될 것입니다.

앞서 보았던 골로새서 3:22 말씀처럼 우리는 모든 일에 성실한 마음, 순전한 심령으로 하되 그 근원에 하나님에 대한 경외함이 있어야 합니다. 우리가 바른 심령을 가질 수 있는 근원은 하나님을 경외함으로부터 오는 것이기 때문입니다.

하나님 아버지의 관심이 향해 있는 곳

그렇다면 우리가 하나님을 온전하게 경외하기 위해서는 하나님께서 기뻐하시고 관심을 두시는 것이 무엇인지 알아야 합니다.

먼저, 하나님의 최고 관심은 "영혼 구원"입니다. 하나님은 잃어버린 영혼이 거듭나서 영생을 얻는 것에 가장 큰 관심을 쏟고 계십니다. 하나님께서는 이를 위해 자신의 외아들을 보내셔서 우리를 위해 십자가에 못 박으시고 죽었다가 부활하게 하셨습니다. 오직 이 복음만이 세상에서 사망의 법칙 아래 고통 받는 영혼들에게 생명을 줄 수 있는 길입니다. 그러므로 우리는 하나님의 관심에 함께 초점을 맞추고, 그리스도인의 최대 사명은 이 땅에서 그분의 대사로서 복음을 선포하고 하나님의 왕국을 확장하는 일임을 반드시 인식해야 합니다.

두 번째로 하나님께서 관심을 가지시는 것은 "성령 충만"입니다. 어떤 사람이 구원받고 거듭났다면, 다음으로는 성령 충만을 받아야 합니다. 그래서 사도행전에서도 사도들의 사역을 보면, 복음을 듣지 못한 자들에게는 예수 이름을 전하고, 받아들이면 이어서 성령을 받게 하는 것을 볼 수 있습니다.

그럼에도 불구하고 많은 그리스도인들이 아직도 예수 믿은 지 오래되고 믿음이 좋으신 분들만 성령 충만을 받고 방언을 말할 수 있다고 생각하는 것 같습니다. 그러나 성경에서는 오순절에 성령님께서 오신 이래로, 방금 예수님을 영접한 사람들이 즉시 성령 충만을 받고 방언을 말하는 장면을 여러 곳에서 볼 수 있습니다.

거듭난 그리스도인은 모두 성령의 능력으로 말미암아 탁월함을 나타내며 그리스도의 아름다운 덕을 선전하며 살도록 부름 받았습니다. 그러기 위해서는 성령님이 단지 우리 안에 계시는 정도가 아니라 우리의 영 가운데 활성화된 상태로 유지해야 합니다.

그런 면에서 성령 충만의 증거인 방언은, 마치 잔의 밑바닥에 가라앉은 미숫가루를 뒤섞어 맛을 내듯이, 우리 안에 계신 성령님을 불일 듯 일어나게 하여 우리로 하여금 성령 충만한 상태를 만들어 줍니다. 성령 충만은 단지 한 번의 경험이 아니라 그리스도인의 삶에서 항상 유지하고 풀어내야 할 지속적인 상태입니다. 그리고 당신이 방언을 말한다면 언제든지 그런 상태를 만들어내기가 쉬워질 것입니다.

세 번째로 하나님께서 관심을 가지시는 것은 "영적 성장"입니다. 거듭나고 성령 충만을 받았다면, 반드시 영적으로 계속 성장해야 합니다. 이는 하나님의 중요한 방향성이며, 서신서 여러 곳에서도 이에 대해 중요하게 언급하면서 강조하는 것을 볼 수 있습니다.

> 엡 4:11-13 (한글킹제임스)
> 그가 어떤 사람들은 사도로, 어떤 사람들은 선지자로, 어떤 사람들은 복음 전도자로, 어떤 사람들은 목사와 교사로 주셨으니 이는 성도들을 온전케 하며 섬기는 일을 하게 하고 그리스도의 몸을 세우게 하여 우리 모두가 믿음의 하나됨과 하나님의 아들을 아는 지식의 하나됨에 도달하게 하고 온전한 사람이 되어 그리스도의 충만하심의 장성한 분량에까지 이르게 하려 하심이라.

이와 같이 교회 안에 오중 사역자가 세워진 이유도 "성도들을 온전케 하며", 즉 성도들을 영적으로 성장시키고 그들 영에 있는 잠재력을 온전히 드러냄으로 말미암아 그리스도의 몸을 세우기 위한 것입니다.

우리는 참으로 영적으로 성장해야만 합니다. 사람들이 흔히 오해하는 것 중 하나가 지금 자신이 온전한 수준에서 성령 인도를 받고 있다고 생각하는 것입니다. 그러나 사실 하나님께서는 우리를 각자의 수준에 맞게 단계별로 인도하실 수밖에 없습니다. 부모가 자녀를 양육할 때 한 살짜리에게는 한 살의 언어로 말하고, 열 살짜리에게는 열 살의 언어로 말하는 것과 마찬가지입니다. 다섯 살 꼬마에게 스무 살짜리에게 해당되는 가르침을 준다 한들, 그 아이는 그것을 이해할 능력도 행할 능력도 없습니다. 그러므로 우리는 하나님께 더 많은 것을 듣고 더 온전한 인도를 받을 수 있도록 끊임없이 성장해가야 합니다.

갈라디아서 4:1에서는 아무리 모든 유업의 소유권을 가진 상속자라 하더라도, 그가 어릴 때에는 종과 다를 바가 없다고 말합니다. 이처럼 우리도 그리스도의 모든 유업을 받았지만, 영적으로 성장하지 않으면 결코 그것들을 온전히 누리며 살 수가 없습니다. 우리는 그리스도의 유업의 풍성함을 누리고 활용할 수 있기 위해서라도 영적으로 성장해야 합니다.

그러나 우리가 영적으로 성장해야 하는 더 근본적인 이유는, 다른 사람에게 영향력을 미치기 위해서입니다. 우리가 그리스도 안에서 풍성하고 능력 있는 삶을 산다면, 세상 사람들은 우리를 통해 그리스도인의 삶에 매력을 느끼고 구원의 길로 더 가까이 나올 수 있을 것입니다. 뿐만 아니라 교회 안에서도 영적으로 성숙해야 더 많은 성도를 섬기고 덕을 끼칠 수 있습니다.

그래서 미국 레마 성경 훈련소나 남아공의 크라이스트 앰버시 교회에서 주관하는 치유 학교를 보면, 병을 고쳐주기는 하지만 궁극적인 목적은 환자들을 영적으로 성장시키는 것에 있음을 보게 됩니다. 실제로 크라이스트 앰버시 교회 치유 학교의 홍보 문구는 '치유 학교에 오면 병이 다 낫습니다'가 아니라 "당신의 삶이 변화될 것입니다. 당신은 더 높은 차원의 삶을 살 수 있습니다."입니다.

물론 강력한 치유의 은사로 즉각적인 치유 역사를 일으키시는 분도 있고, 위의 치유 학교에서도 그런 일들은 일어납니다. 그러나 이와 같이 타인의 은사로 병이 나은 경우에는, 스스로 병을 이길 능력이 없으므로 나중에 재발하는 확률이 매우 높습니다.

그러므로 근본적인 해결책은 하나님께서는 어떤 분이신지, 질병의 근원은 무엇인지, 거듭난 그리스도인은 어떤 권세를 가졌고 왜 아플 수 없는지에 대한 말씀을 가르치는 것입니다. 이러한 말씀의 바탕이 깔려 있어야 그 위에 믿음을 세우고 온전한 치유를 취할 수 있습니다.

재정 분야나 성령 인도나 다른 분야도 다 마찬가지입니다. 세상의 방법으로 접근해서는 해결되지 않습니다. 그렇다고 성경 구절 한두 개만 겨우 붙잡고 매달려서도 온전한 열매를 기대할 수 없습니다. 이 모든 것들이 효율적으로 나타나기 위해서는 결국 영적 성장이 일어나야 합니다. 말씀의 기초가 닦이고 오직 말씀과 성령의 능력만이 해답이라는 결론이 나야, 존중하는 삶도 살 수 있고 나아가 말씀이 자연적인 영역에서 실재가 되는 것도 경험할 수 있습니다.

모든 성도는 특정한 열매 자체보다는 영적 성장에 초점을 맞추어야 합니다. 항상 동기와 태도가 중요합니다. 열매를 맺으려고 억지로 영적 단련을 하는 것보다는, 그리스도인으로서 자연스러운 삶의 방식이자 방향으로서 영적 성장을 목표로 삼는 것이 더 온전한 일이며, 그렇게 할 때 원하는 열매들은 당연히 따라오게 됩니다. 영적 성장은 그 목표점이 그리스도의 장성한 분량까지이므로 사실상 끝이 없습니다. 하나님 앞에 돌아가기 전까지, 이 땅에서 기회가 있는 동안 끊임없이 전진하고 성장하기로 결단하십시오.

하나님을 경외함으로 오는 축복

> 잠 23:17
> 네 마음으로 죄인의 형통을 부러워하지 말고 항상 여호와를 경외하라 be thou in the fear of the LORD all the day long

하나님을 향한 우리의 경외에는 멈춤이 없습니다. 우리는 항상, 하루 종일, 어떤 상황에서나, 하나님과 그분의 말씀을 최우선에 두고 인식하는 삶을 살아야 합니다.

그리하면 하나님께서는 우리를 축복해 주십니다. 우리가 그분의 말씀을 선택하고 그분을 경외하는 삶을 살았다면, 하나님께서는 반드시 보상해 주실 것입니다. 그것이 성경이 말하는 바입니다.

> 잠 1:7
> 여호와를 경외하는 것이 지식의 근본이거늘 미련한 자는 지혜와 훈계를 멸시하느니라

잠 9:10-11

여호와를 경외하는 것이 지혜의 근본이요 거룩하신 자를 아는 것이 명철이니라 나 지혜로 말미암아 네 날이 많아질 것이요 네 생명의 해가 네게 더하리라

잠 10:27

여호와를 경외하면 장수하느니라 그러나 악인의 수명은 짧아지느니라

주님을 경외하는 것을 통해 참된 지식이 오게 되며, 더불어 장수도 따라옵니다.

시 34:9

너희 성도들아 여호와를 경외하라 그를 경외하는 자에게는 부족함이 없도다 there is no want to them that fear him

"여호와는 나의 목자시니 내게 부족함이 없으리로다"(시 23:1)라는 다윗의 고백처럼, 주님을 경외하는 자는 더 이상 바랄 것이 없이 영혼육이 모두 충만하고 풍성한 삶을 누리게 됩니다.

잠 16:6-7

인자와 진리로 인하여 죄악이 속하게 되고 여호와를 경외함

으로 말미암아 악에서 떠나게 되느니라 사람의 행위가 여호와를 기쁘시게 하면 그 사람의 원수라도 그와 더불어 화목하게 하시느니라

신약의 성도인 우리는 이미 죄와는 상관없는 자가 되었습니다. 그러므로 이 말씀을 우리에게 적용하면, 주님을 경외하고 그분의 말씀을 따르는 자는 사탄이 훼방할 거리를 만들지 않고 어둠의 역사에 발판을 내어주지 않게 된다는 의미로 이해할 수 있습니다. 나아가 그런 사람에게는, 악하게 굴던 사람도 결국 마음을 돌려 화목을 청할 수밖에 없도록 만드는 힘이 있습니다.

잠 14:26-27
여호와를 경외하는 자에게는 견고한 의뢰가 있나니 그 자녀들에게 피난처가 있으리라 여호와를 경외하는 것은 생명의 샘이니 사망의 그물에서 벗어나게 하느니라

주님을 경외하는 자는 어떤 상황에서도 그분이 피난처가 되신다는 강한 자신감을 가질 수 있으며, 사망의 세력의 어떠한 방해와 속임 가운데에서도 항상 생명의 길에 거하게 됩니다.

전 12:13-14
일의 결국을 다 들었으니 하나님을 경외하고 그의 명령들을

지킬지어다 이것이 모든 사람의 본분이니라 하나님은 모든
행위와 모든 은밀한 일을 선악 간에 심판하시리라

잘 아시다시피, 전도서는 솔로몬이 말년에 기록한 지혜서입니다. 그는 세상에서 사람들이 추구하는 것들은 다 헛되다고 말하다가, 마지막에 결론짓기를 하나님을 경외하고 그분의 명령을 지키는 것이 사람이 지켜야할 의무이며, 하나님께서 그 모든 것에 대해 심판을 내려주실 것이라고 말합니다. 우리는 흔히 심판이라고 하면 잘못한 것에 대해 형벌이 내려지는 부정적인 측면을 생각합니다. 그러나 새로운 피조물의 관점에서 우리가 받을 심판은 선하고 옳게 행한 것에 대한 보상을 말하는 것입니다. 우리가 하나님을 경외하고 그분의 말씀을 지켜 따르면, 우리는 그에 걸맞은 열매와 보상을 얻게 될 것입니다.

삼하 23:3-4
이스라엘의 하나님이 말씀하시며 이스라엘의 반석이 내게 이르시기를 사람을 공의로 다스리는 자, 하나님을 경외함으로 다스리는 자여 그는 돋는 해의 아침 빛 같고 구름 없는 아침 같고 비 내린 후의 광선으로 땅에서 움이 돋는 새 풀 같으니라 하시도다

위 말씀은 하나님을 경외하는 자의 영광된 삶을 눈앞에 그리듯

이 아름답게 묘사하고 있습니다. 해 돋을 때의 아침 빛이나, 구름 없는 아침이나, 비온 후에 반짝이며 돋는 새순이나, 모두 어둠은 지나고 생명과 소망만이 가득한 축복의 상태를 말합니다. 사람에게 공의롭게 대하고 하나님을 경외하는 자는 이런 삶을 살게 된다는 것입니다.

이러한 하나님을 경외하는 삶은 우리가 아버지를 더 알수록 발전하게 됩니다. 육신적인 부모 자식 관계에서도, 자녀가 성장하면서 부모의 사랑을 알고 성품을 이해할수록 두 분을 더욱 존경하게 되고 관계가 친밀해지는 것을 볼 수 있습니다. 하나님과 우리의 관계도 이에 비할 수 있습니다. 우리가 영적으로 성장하면서 하나님께서 어떤 분이시고 우리를 위해 어떤 일을 하셨는지, 또한 그분의 왕국이 어떻게 운영되고 그 안에서 우리가 어떤 삶을 살기를 원하시는지를 알면 알수록, 우리는 자연히 심령으로부터 하나님을 경외하는 삶을 살 수밖에 없게 됩니다. 더욱이 우리 하나님 아버지는 선하시고 온전하신 분으로서, 알수록 실망하게 되는 것이 아니라 더욱 더 사랑할 수밖에 없는 분이십니다.

존중하는 삶이 부르심을 완성하는 비결이다

현대 기독교사를 보면, 큰 기적과 역사를 나타낸 사역자들이 꽤 많이 있었습니다. 그러나 끝까지 그러한 열매를 유지하면서 영광스럽게 주님 곁으로 돌아간 사람들은 많지 않습니다. 중간에 시험과 유혹에 걸려 넘어져서 언론에 오르내리며 세상 사람들에게 비판거리가 되신 분들도 있고, 육체적인 질병이나 심지어 정신 질환으로 고통 받다가 돌아가신 분도 계십니다.

그런 면에서 많은 사람들이 돌아가신 케네스 E. 해긴 목사님을 존경하는 이유는, 하나님의 사람으로서 평생 영적으로 성장하고 점점 더 풍성한 열매를 맺으며 자신의 부르심을 완수하고 떠나셨기 때문입니다. 레마 강사들을 비롯하여 그분을 가까이서 지켜보았던 측근들에 따르면, 그 비결은 바로 "존중하는 삶"이었습니다.

해긴 목사님은 언제 어떤 상황에서나 항상 하나님의 말씀대로만 방향을 정하고, 말하고, 행하셨습니다. 그 결과 그분은 전 생애를 통해 하나님께 온전히 쓰임 받고 높임 받으셨으며, 수많은 사람들의 삶을 바꾸는 커다란 영향력을 미칠 수 있었습니다.

하나님께서 아무리 엄청난 은사를 주신다고 해도, 우리의 성품이 그것을 감당할 수준에 이르지 못한다면 아무 소용이 없습니다. 많은 그리스도인들이 은사를 사모하고 추구합니다. 하나님의 입장에서도 그러기를 원하시고 또 실제로 은사들을 주십니다. 그러나 은사가 우리를 온전하게 하는 것은 아닙니다. 위로부터 주어진 은사와는 별개로, 우리는 우리 안에 가진 하나님의 생명을 인식하고 영적으로 끊임없이 성장함으로써, 은사에 걸맞은 그릇으로서 스스로를 구비해야 합니다. 바른 중심을 가지고, 말씀을 따라 하나님을 경외하고 사람을 사랑하는 삶을 발전시키지 않는다면, 이미 수많은 사람들의 실패를 통해 보았듯이 하나님께 덕이 되려고 시작한 일이 어느 순간 변질되어 오히려 하나님 왕국에 독이 되는 결과를 낳게 될 것입니다.

  존중하는 삶은 거듭났다고 저절로 살아지는 것이 아닙니다. 성령 충만을 받았다고 저절로 이루어지는 것도 아닙니다. 하나님께서는 그렇게 살 수 있는 모든 능력과 지침을 이미 주셨지만, 선택은 우리에게 달려 있습니다. 육신은 부당하게 대하는 사람들에게 대항하고 싶어합니다. 그럼에도 불구하고 영을 인식하며 하나님의 말씀을 붙잡고 꾸준히 따라가는 것이 우리의 할 일입니다. 이와 같이 존중하는 삶을 살고 그리스도를 닮은 성품으로 변해갈 때, 하나님께서는 우리에게 더 많은 기름부음을 주시고 우리를 더 높은 자리에 앉히실 수 있습니다. 이것이 우리를 향한 하나님의 계획입니다. 그러므로 당신의 삶에서 하나님의 선한 계획이 완성되는 것을 바라보면서, 매일매일 그리스도 안에서 성장하기를 결단하십시오!

Life of Honor 5

성령님을 존중하는 삶

존중하는 삶을 사는 사람들은 하나님과 그분의 말씀 앞에서 겸손한 태도를 유지합니다. 이들은 성령의 음성에도 더 예민하게 반응함으로써, 더 큰 계시와 기름부음 가운데로 쉽게 들어갑니다. 그리하여 존중하는 삶을 사는 사람은 그 속사람이 깨끗해지고 담대해지며, 나날이 발전하고 새로워집니다. "그러므로 우리가 낙심하지 아니하노니 우리의 겉사람은 낡아지나 우리의 속사람은 날로 새로워지도다"(고후 4:16)라는 바울의 고백이 실재가 되는 것입니다.

결국 모든 것은 영에서 비롯됩니다. 심령의 바른 태도가 영적 축복을 가져 오고, 그 축복을 통해 우리의 영은 더욱 강건하고 능력 있어집니다. 우리에게는 거듭난 순간 이미 모든 능력이 다 주어졌습니다. 우리는 바른 심령을 유지할 능력도, 바른 것을 선택할 능력도 충분히 가지고 있습니다. 문제는 우리가 그것을 얼마나 의식하고 풀어 놓느냐 입니다. 우리가 얼마나 그리스도 의식으로 충만한가에 따라 우리의 삶의 질이 결정되는 것입니다.

우리가 가장 먼저 존중하기를 배워야 할 대상은 바로 성령님이십니다. 하나님을 경외하는 것이 존중하는 삶의 근본이듯이, 우리가 모든 관계 가운데에서 승리하는 삶을 살기 위해서는 가장 먼저 성령님과의 관계에서 성공해야 합니다.

성령님은 이미 우리 안에 와 계시며 평생 우리와 동행하십니다. 그분은 너무나 인격적이시기 때문에, 우리의 삶에 강권적으로 앞서서 끼어들지 않으시고 다만 우리가 먼저 다가오기를 기다리고 계십니다. 우리가 그분을 아무리 무시한다고 해도 그분은 우리를 결코 떠나지 않으십니다. 그러나 우리가 자리를 내어드리지 않는다면, 그분은 우리와 함께 계심에도 불구하고 우리 삶에 나타나거나 도와주실 수가 없습니다. 그러므로 그리스도 안에서 온전한 길을 걸어가기 위해 우리는 반드시 성령님을 존중하는 삶을 살아야 합니다. 그렇다면 우리가 구체적으로 어떻게 성령님을 존중하며 그분과 동행하는 삶을 살 수 있는지 말씀을 통해 살펴보겠습니다.

성령님을 소멸하지 말며

살전 5:19-21

1성령을 소멸하지 말며Quench not the Spirit 예언을 멸시하지 말고 범사에 헤아려 좋은 것을 취하고 이 구절을 보면 마치 우리가 성령을 꺼버릴 수도 있다는 의미로 느껴지지만, 사실 성령은 꺼질 수 없습니다. 여기에서 '소멸하다quench'라는 단어는 에베소서 6:16의 "모든 것 위에 믿음의 방패를 가지고 이로써 능히 악한 자의 모든 불화살을 소멸하고"에서 나오는 '소멸하다'라는 단어와 같은 단어입니다. 즉 악한 자가 잘못된 생각의 화살을 쏠 때 믿음의 방패로 그것을 즉시 받아침으로써 없애 버리듯이, 성령을 소멸한다는 것은 성령께서 내 안에 역사하셔서 무언가를 알려 주시거나 말씀하실 때 우리가 그것을 무시해 버리는 것을 말합니다.

책 서두에서 나누었듯이, 만약 당신이 어떤 사람을 존중한다면 당신은 그가 말하는 것에 특별한 관심을 기울이고 특별하게 반응할 것입니다. 그런 면에서 만약 당신이 성령님의 말씀을 듣고도 거절한다면, 이는 곧 성령님을 존중하지 않는 것이라고 볼 수 있습니다.

이것을 단순히 '성령의 음성을 무시하지 말라' 또는 '성령의 음성을 들었으면 행하라'라는 식의 행위 규범으로 받아들이지 마십시오. 이는 "하라, 하지 말라"의 문제가 아니라, 성령의 역사가 나타났을 때 우리가 어떤 태도로 그것을 다루고 반응하느냐의 문제입니다. 우리에게 하나님을 경외하는 심령이 있다면, 성령께서 어떤 깨달음을 주실 때 당연히 그것을 특별하게 여기고 즉시 적용하여 잘못된 방향을 수정하게 될 것입니다. 그러나 성령의 음성을 듣고도 그저 "예, 알겠습니다……."라고만 하고 아무 변화 없이 그대로 살아간다면, 근본적으로 성령의 음성보다 스스로를 높게 여기는 교만의 태도를 가진 것입니다.

성령님의 4가지 역사

그렇다면 성령님께서 우리의 영 안에서 우리를 위해 하시는 일은 무엇일까요? 그 내용을 구체적으로 확인해 보면, 성령님을 소멸하지 않는데 도움이 될 것입니다.

> 요 14:26
> 보혜사 곧 아버지께서 내 이름으로 보내실 성령 그가 너희에게 ¹모든 것을 가르치고 ²내가 너희에게 말한 모든 것을 생각나게 하리라

> 요 16:13
> 그러나 진리의 성령이 오시면 그가 너희를 ³모든 진리 가운데로 인도하시리니 그가 스스로 말하지 않고 오직 들은 것을 말하며 ⁴장래 일을 너희에게 알리시리라

예수님께서는 (1) 우리를 가르쳐 주심, (2) 하나님의 말씀을 생각나게 하심, (3) 모든 진리 가운데 인도하심, (4) 장래 일을 알려 주심, 이 4가지를 성령님께서 하시는 일이라고 언급하셨습니다.

삶에서 성령님의 가르침을 받고 교정하는 일들이 지속적으로 일어나면, 우리는 어떤 상황 가운데에서도 항상 필요한 위로와 인도와 지혜를 공급받을 수 있으며, 영적으로도 빠르게 성장하게 됩니다.

우리 목사님께서 예전에 다른 교회에서 부목사로 재직하고 계실 때의 일입니다. 어떤 시점이 되어 이 교회를 떠날 때가 되었음을 알았고, 그 와중에 어떤 교회에서 부목사로 와달라는 요청을 받게 되었습니다. 그 교회는 연로하신 담임 목사님께서 목회하시는 교회였습니다. 당시에는 지금보다 성령 인도를 받는데 미숙했기 때문에, 우선 열린 길로 가보자는 생각에 요청이 온 그 교회로 옮기기 위해 준비를 하였습니다.

그런데 이 내용을 당시 같이 재직하던 부목사님과 나누었는데, 안타깝게도 그분은 우리가 성령 인도를 받는다는 말은 명목일 뿐이고, 실은 연로한 담임 목사님이 계신 큰 교회로 옮겨서 사역을 이어받으려 한다고 여기셨습니다. 그때 그분의 그런 반응이 저에게 상처가 되었습니다. 성도들에게 상처받는 것은 어느 정도 단련이 되었다고 생각했는데, 같은 사역자 분께서 우리의 중심을 이해해주지 않으니 마음이 크게 상하게 되었습니다.

그래서 그 날 밤 하나님께 기도하면서 이렇게 말했습니다. "하나님, 어떻게 저희 중심을 이렇게 오해할까요? 마음이 상하네요." 그러자 제 안에서 성령님의 음성이 들렸습니다. 그것은 제 평생 손에 꼽을 정도로 강력한 음성이었습니다. "네 안에 진실함을 인정받고 싶은 마음이 있기 때문에, 사탄의 화살을 맞았다." 과연 그랬습니다. 당시 저희는 미국에 있다가 빈 몸으로 한국에 들어 와서, 조건적으로는 목회자로서 스스로 높이 평가할 만한 것이 없었습니다. 그래도 한 가지, 하나님과 사람 앞에서 '진실한 마음'을 가진 것은 스스로도 인정할만하다 생각했고, 이는 우리가 가진 최후의 보루 같은 것이었습니다. 그런데 그 부분이 공격을 받으니 그렇게나 마음이 상했던 것이었습니다.

성령님께서 다시 물어보셨습니다. "사람들이 예수가 이룬 수많은 기적을 보고 그가 이스라엘 성문으로 들어올 때는 '호산나, 호산나' 하며 환영하고 추종하다가, 십자가에 달리게 되자 제자들마저도 다 떠나버렸는데, 그런 상황에서도 예수는 어떻게 한 치의 요동도 없이 담대하게 자신의 길을 갈 수 있었는지 아니?" 생각해 본적이 없는 질문이라 모르겠다고 대답했더니, 성령님께서는 성경 말씀을 떠올려 주셨습니다. "내게는 너희가 알지 못하는 먹을 양식이 있느니라 … 나의 양식은 나를 보내신 이의 뜻을 행하며 그의 일을 온전히 이루는 이것이니라"(요 4:32, 34) 성령님께서는 예수님께서 사람들의 인정과는 상관없이 오직 하나님께서 시키신 그 일을 이루기 위해 사셨던 것 같이, 저도 오직 하나님의 일을 이루겠다는 동기 하나로 살라고 말씀하셨습니다. 진실함만은 인정받고 싶어 했던 제 중심의 문제를 말씀을 통해 정확하게 지적하신 것입니다.

그 이후 저는 인생의 방향을 확실히 정하게 되었습니다. 이 땅에서 어떤 업적을 이루느냐에 치중하지 않고, 오직 하나님께서 저에게 시키신 일, 그 최고의 부르심을 끝까지 완수하는 것만을 목적으로 삼게 되었습니다. 그 이후로는 누가 어떤 말을 해도 그것이 저의 심령에 영향을 주지 못합니다. 제 삶의 동기가 사람의 인정을 받는 것이 아닌 하나님의 부르심을 이루는 것에 근원을 두고 있기 때문입니다.

상처를 받는다는 것은, 그 부분이 바로 우리의 견고한 진이자 약점이라는 의미입니다. 그러므로 유독 상처를 자주 받는 부분이 있다면, 그것은 상대의 문제가 아니라 나의 심령의 문제인 것을 깨닫고 하나님의 말씀으로 견고한 진을 부수고 정화해야 합니다. 그렇게 우리 영 가운데 어두운 부분을 하나씩 제거하면, 그만큼 사탄이 우리에게 공격할 거리가 사라지게 됩니다. 그러면 우리는 살면서 평강을 잃어버릴 일이 사라지고, 어떤 상황 가운데에서도 승리할 수밖에 없습니다.

설교 말씀을 들을 때도, 그 말씀을 통해 새로운 직감이나 계시가 왔다면 그것 또한 성령님께서 지금 나에게 주시는 말씀이라는 것을 인식해야 합니다. 저도 제가 영적 스승으로 생각하는 목사님들의 설교를 들을 기회가 있습니다. 그럴 때 저는 '지금 저분이 하시는 말씀이 무슨 내용인지' 보다는, '지금 이 자리에서 저분을 통해 성령님께서 나에게 하시는 말씀이 무엇인지'를 들으려고 합니다. 어떤 설교를 듣더라도 그 말씀을 가지고 지금 나에게 개인적으로 필요한 메시지를 계시해 주시는 분은 성령님이십니다. 그러므로 아무리 좋은 집회에 가더라도 그 자리에서 나에게 주시는 성령의 음성을 놓친다면 소용이 없습니다. 우리는 항상 그 음성을 기대하고 들을 준비를 하고 있어야 합니다.

이처럼 설교를 들을 때나 말씀을 읽을 때, 또한 삶의 매순간마다 영적 직감을 통해, 성령님은 우리를 진리 가운데로 인도하시고 가르치는 일을 하십니다. 결국 이것을 얼마나 민감하게 받아들이고 취하느냐에 따라 우리의 영적인 삶의 질이 결정될 것입니다.

성령님께서 하시는 중요한 일 가운데 또 하나는, 바로 장래 일을 말씀해 주시는 것입니다. 그러므로 그리스도인들이 장래 일을 아는 것은 사실 당연한 일입니다. 그렇다고 인생의 모든 사건을 일일이 다 미리 보여주신다는 의미는 아닙니다. 성령님은 늘 우리와 동행하시면서 우리의 일부로서 기능하기를 원하시기 때문에, 모든 일에 불필요하게 특별한 방법으로 나타나기를 즐겨하지 않으시고 평상시에는 주로 내적 직감을 통해 우리를 인도하십니다. 그러나 우리가 미처 예상치 못한 중요한 사건이나 당황스러운 일이 있을 경우에, 성령님께서는 미리 알려 주시고 준비시키기를 원하십니다. 또한 부정적인 사건이나 많은 방해가 예상되는 경우에도, 우리가 낙담하지 않고 끝까지 선한 결과를 얻을 수 있도록 성령님께서는 미리 신호를 주시고 우리를 격려하십니다. 그런데 만약 우리가 일상생활에서 아직 그런 경험을 하지 못하고 있다면, 성령님께 온전히 나를 내어드리지 않고 혼적인 모드에만 머물러 있기 때문이라고 볼 수 있습니다.

저는 매일의 삶에서 장래 일을 알려 주시는 성령님의 사역의 혜택을 입고 있습니다. 저의 경우에는 영적인 꿈을 통해 그날 있을 특별한 일에 대해 보여 주시곤 합니다. 물론 영적으로 성장하다 보면 구체적인 경험이 없더라도 하나님의 선하심을 믿으며 언제나 평강과 담대함을 유지할 수 있지만, 이런 경험들로 인해 더 큰 도움을 받는 것 또한 사실입니다. 내 인생에서 하나님께서 미리 알려 주시지 않고 갑자기 일어나는 사건은 있을 수 없다는 실제적인 확신이 있기 때문입니다.

이와 같이 성령님께서는 우리 안에 거하시면서 우리로 하여금 그리스도인으로서 최고의 삶을 살 수 있도록 여러 가지로 돕고 계십니다. 그러나 이것을 듣고 소멸하느냐 적용하느냐의 여부는 나에게 달려 있습니다. 작은 것이라도 귀하게 여기고 그 말씀에 따라 자신을 내려놓을 때, 우리는 점점 말씀에 합당한 자로 교정되고 하나님께서 우리를 축복하실 수밖에 없는 자리로 옮겨지게 됩니다.

예언을 멸시하지 말고

살전 5:19-21
성령을 소멸하지 말며 2예언을 멸시하지 말고Despise not prophesyings 범사에 헤아려 좋은 것을 취하고

보통 예언이라고 하면 앞으로 일어날 일을 말하는 것만을 생각

하기 쉽습니다. 그러나 신약시대에 말하는 예언에는 거듭나고 성령을 받은 그리스도인이 성령의 감동을 따라 선포하는 레마 말씀이 모두 포함됩니다.[3] 특별히 위 구절에서 이야기하는 "예언"도 그런 의미입니다.

우리는 실생활에서 다양한 통로를 통해 나를 세워주는 하나님의 말씀을 접하게 됩니다. 간단한 예로 주일 설교를 통해서 나를 향해 선포된 하나님의 말씀을 듣게 될 수도 있습니다. 또한 다른 성도나 영적 권위자를 통해 권면이나 세움의 말을 듣게 될 때도 있습니다. 그럴 때 그것을 내 것으로 취할 수도 있고, 아니면 '왜 이런 말씀을 하시지?' 라거나 또는 '내가 왜 그래야 해?' 하고 흘려보낼 수도 있습니다. 사실 우리는 굳이 바깥으로부터 이런 말을 듣지 않더라도 하나님의 말씀의 방향을 따라 살아가야 합니다. 그러나 직접 말로 전달된 이런 말씀을 듣고도 알아듣지 못하고 순종할 수 없다면, 사실상 그런 사람이 성령의 음성을 따르거나 말씀을 지키며 살 것이라고 기대하기는 어렵습니다.

"멸시한다"라는 말은 '중요하게 여기지 않다', '가치 없는 것으로 생각하다', '아무것도 아닌 것으로 만들다' 라는 의미입니다. 우리는 우리의 삶에서 생각보다 훨씬 더 많이 성령님을 멸시하고 있습니다.

---

[3] 이에 대한 더 자세한 내용은 크리스 오야킬로메 저, 『예언』(믿음의 말씀사) 참조.

어떤 성도님을 보면 성령님의 음성을 매일 들으면서도, 삶은 크게 변하지 않으시는 분들이 있습니다. 그런 면에서, 더 중요한 것은 음성을 들었느냐가 아니라 들은 것에 어떻게 반응하느냐 하는 것입니다. 성령님께서 말씀하실 틈을 아예 내어주지 않고 음성을 듣지 못하는 것도 문제지만, 듣고도 멸시하여 아무런 반응을 보이지 않는 것도 큰 문제입니다.

성령님의 음성이나 레마 말씀을 통해 주시는 메시지를 소멸하거나 멸시하지 않는 간단한 방법을 알려 드리겠습니다. 필기구를 항상 가지고 다니면서 성령께서 주시는 감동을 수시로 적어 두는 것입니다. 간단한 행동이지만, 성령의 말씀을 항상 기대한다는 믿음의 행동이 될 수 있습니다. 특히 개인기도 시간이나 설교 시간 같이 성령님께서 나에게 말씀하시기 좋은 분위기에 있을 때는 반드시 필기구를 꺼내놓고 적극적으로 그분의 메시지를 기대해야 합니다. 혼적인 모드에서 오늘 설교 내용을 그야말로 '필기'하라는 뜻이 아닙니다. 앞부분에서도 언급했듯이, 영적인 모드로 들어가 설교를 통해서 성령님께서 지금 나에게 개인적으로 주시는 음성을 듣고 적어 두라는 것입니다. 그렇게 할 때 성령의 음성에 보다 민감하게 반응하게 되고, 당장 이해가 되지 않는 말씀이라도 적어 두면 잊어버리지 않고 나중에 그 뜻을 이해하게 되는 경우도 많습니다. 기억하십시오. 성령님은 항상 우리에게 말씀하시기를 좋아하십니다.

성령의 역사나 말씀을 소멸해서는 안 되는 이유

성령의 역사나 말씀을 멸시하고 소멸해서는 안 되는 이유에 대해 좀 더 구체적으로 나누어 봅시다.

첫째, 성령님께서 무엇인가 보여주시는 이유는 당신이 그 분야에 대해 가진 빛이 온전하지 못하기 때문입니다. 가끔 내가 다 아는 말씀인 것 같은데 성령님께서 또 말씀하시는 경우가 있습니다. 그렇다면 사실 내가 그 말씀을 깨달아야 할 만큼 충분히 깨닫지 못했기 때문입니다.

저의 경우에도 목회자로서 항상 '그리스도인의 삶의 방향은 복음 전파이다' 라는 생각을 가지고 있었습니다. 그런데 언젠가 기도 중에 성령님께서 "복음 전파는 성도들의 등뼈와 같다"라는 메시지를 주셨습니다. 즉 우리 몸에서 등뼈가 다른 모든 요소를 받치는 중심과 같은 역할을 하듯이 교회 안에서 영혼 구원이라는 주제가 그러하다는 말씀이었습니다. 제가 만약 이것을 제가 지금 놓인 영적 영향력에 맞게 충분히 깨닫고 있었다면 성령님께서는 굳이 저에게 다른 표현으로 한 번 더 말씀하실 필요가 없으셨을 것입니다.

성령님께서 우리에게 무언가를 비추어 주시는 이유는, 우리가 그것에 대해 더욱더 밝아져야 하기 때문입니다. 때를 따라 정확하게 지도하시는 성령님의 사역을 통하여, 우리는 안다고 생각했던 것에 대해서도 새로운 통찰을 얻고 마음을 새롭게 하게 됩니다.

둘째, 성령께서 하시는 모든 말씀은 당신의 삶을 바꿀 수 있는 생명과 연결되어 있기 때문입니다. 하나님의 말씀은 그 자체가 생명의 능력입니다. 모든 살아있는 것은 성장할 수밖에 없는 것처럼, 하나님으로부터 공급을 받으면 받을수록 우리는 점점 성장하고 발전할 수밖에 없습니다.

반대로 마귀의 일은 반드시 사망과 연결되어 있습니다. 우리가 마귀에게 조금 틈을 내어주면, 마귀는 그만큼만 들어오고 멈추는 것이 아니라 계속 더 비집고 들어와서 마침내 모든 것을 장악하려고 합니다. 그것이 사탄의 전략입니다.

이와 같이 어느 쪽을 택하든 반드시 그에 응하는 결과가 나타나게 됩니다. 그러므로 우리는 어둠의 세력에게 한 치도 내어 주지 말고 하나님의 말씀만을 취하여, 역동적으로 변화시키는 생명의 능력을 통해 삶을 향상시켜 나가야합니다.

셋째, 성령께서 주시는 말씀을 소멸한다면, 당신은 그 분야에서 변하지 않은 채로 남아 있게 될 것이기 때문입니다. 하나님께서는 우리의 삶에서 변화가 필요한 부분을 정확히 아시고, 우리가 이런 문제에 처하게 된 원인 또한 정확하게 알고 계십니다. 그래서 어떤 때는 지금 상황과는 크게 상관이 없어 보이는 작은 것, 이를테면 누구를 용서하라든지 마음의 어떤 부분을 해결하라든지 하는 말씀을 주시기도 합니다. 그러면 '내가 받고 싶은 음성은 따로 있는데 이건 뭐지? 성령님께서 말씀하신 것 맞나?' 라고 의아해하기도 하고 때로는 그냥 무시해 버리는 경우가 있습니다.

그러나 성령님께서는 항상 우리의 수준에 맞게 한 걸음 한 걸음 인도하십니다. 지금 당장 해결하고자 하는 큰 문제가 사실은 내 안에서 해결되지 않은 작은 것에서 비롯되었을 수 있습니다. 그러므로 아무리 작은 감동이라도 소멸하지 말고 취하여 행하십시오. 그렇게 말씀에 따라 하나하나 교정해갈 때, 어느 순간 모든 것이 제자리를 찾아 문제의 해결을 보게 될 것입니다.

영적으로 발전하기 원한다면, 성령님께서 설령 나의 부정적인 면을 지적하신다 하더라도 기쁨으로 받아들여야 합니다. 우리의 육신은 그런 말들을 즐거워하지 않습니다. 그래서 많은 사람들이 자신은 변하려 하지 않으면서, 어떻게든 하나님을 움직여서 축복을 받기를 기대합니다. 그러나 사실은 그 반대입니다. 하나님께서는 우리를 너무나 축복하기 원하시지만, 우리가 그것을 받고 유지할 능력이 없기 때문에 우리에게 그 복이 미치지 못하는 것입니다. 그러므로 우리는 하나님의 조명하심에 따라 개선되어야 할 약점을 발견할 때 오히려 기뻐해야 합니다. 이는 길을 잃고 헤매던 사람이 이제는 정확한 지도를 손에 넣고 하나님의 축복으로 통하는 길에 들어선 것이기 때문입니다.

넷째, 당신이 들은 말씀을 얼마나 중요하게 여기느냐에 따라 당신이 맺는 열매가 결정되기 때문입니다. 거듭 말하지만 하나님의 말씀을 들었는지 듣지 못했는지의 여부보다 더 중요한 것은 들은 말씀을 어떻게 다루는가 하는 것입니다. 기도하면서 하나님의 계시를 받을 수도 있고, 설교 중에 나에게 주시는 레마 말씀을 받을 수도 있지만, 듣고도 그냥 지나친다면 아무 소용이 없습니다.

사실 많은 그리스도인들이 말씀을 듣고 지식으로만 남겨두는 것에 너무나 익숙해져 있습니다. 그러나 우리에게 필요한 것은 지식이 아니라 변화입니다. "너희는 말씀을 … 듣기만 하여 자신을 속이는 자가 되지 말라"(약 1:22) 말씀에 항상 영으로 반응하고, 그것을 취하여 삶에 적용함으로써 실재를 불러 오는 일에 초점을 맞추십시오. 그렇게 할 때 삶에서 누구보다 빠르고 역동적인 변화를 경험하게 될 것입니다. 성령의 한마디에는 전면적인 변화를 가져 오는 능력이 있습니다.

특별히 현재 삶의 수준에서 벗어나 새로운 수준으로 들어가기 위해서는 새로운 계시가 필요한데, 그런 계시는 한 번도 접해보지 못한 도전적인 말씀인 경우가 많습니다. 이때 그 말씀을 어떻게 받아들이고 소화하느냐가 중요합니다. 우리의 육신과 아직 말씀으로 새로워지지 않은 생각은 예전의 것을 고수하고 싶어 할 것입니다. 그러나 새로운 계시를 만났을 때 단지 내가 알던 것과 다르다는 이유로 무조건 배척하기 보다는, 하나님의 말씀에 비추어 확인해 보고 어긋나는 것이 없다면 받아들일 줄 아는 수용적인 자세가 있어야 합니다. 모든 성장에는 변화가 수반되기 때문입니다.

이것은 단지 나만의 문제가 아닙니다. 내가 성장하지 않는다면, 하나님의 왕국 안에서 내가 축복과 계시를 흘려보내야 할 사람들도 영향을 받게 됩니다. 간단한 예로, 한 교회를 맡은 담임 목사님께서 하나님께서 주시는 말씀과 계시 안에서 성장하지 않는다면, 그를 따르는 성도들도 제한적인 축복에 머무를 수밖에 없을 것입니다. 이처럼 우리가 하나님의 음성을 합당히 다루지 못할 경우 그 결과가 단지 나 하나의 삶에 그치는 것이 아님을 기억한다면, 영적으로 책임 있는 자리에 있는 분일수록 더더욱 성령의 음성에 예민하게 반응하고 그것을 소중히 다루어야 할 것입니다.

항상 말씀에 비추어 삶을 변화시키고 영적으로 성장하기로 결단하십시오. 그렇게 할 때 하나님으로부터 존귀함을 받고, 하나님의 왕국 안에서 우리의 영향력은 점점 확장되며, 삶에서 많은 열매를 맺게 될 것입니다.

범사에 헤아려

> 살전 5:19-21
> 성령을 소멸하지 말며 예언을 멸시하지 말고 3범사에 헤아려 Prove all things 좋은 것을 취하고

성령을 소멸하거나 예언을 멸시해서는 안 되지만, 그렇다고 떠오르는 생각이나 밖에서 들리는 말을 하나도 가리지 않고 다 받아들이라는 의미는 아닙니다. 이에 성경에서는 "범사에 헤아리라"라고 말합니다. 어떤 말을 취하기 이전에, 소중히 여길만한 것인지 점검하고 참으로 그러한지 증명해 보라는 말입니다.

예를 들어 누군가 유리 조각 같은 것을 보여주면서 이것이 귀한 다이아몬드라고 주장한다면, 아무 증거도 없는 상태에서 그 말을 즉시 신뢰하기는 어려울 것입니다. 보석상에 가져가거나 전문가에게 의뢰하여 검증 과정을 거친 후, '이것이 정말 다이아몬드가 맞다'라는 판정을 받으면 그때에야 비로소 그것이 다이아몬드인 것을 믿고 소중히 다루게 될 것입니다. 이처럼 어떤 것이든 귀하게 다루기 이전에는 검증 과정을 거쳐야 합니다. 바꾸어 말하면, 귀한 것으로 확인이 되어야만 귀하게 다룰 수 있다는 것입니다.

그러므로 어떤 감동이나 말씀을 들었다면, 그것이 하나님으로부터 온 것이 맞는지 반드시 확인해야 합니다. 이것이 성경이 우리에게 분명하게 요구하는 바입니다. 너무나 많은 사람들이 이러한 과정을 무시하기 때문에 진짜 하나님의 말씀을 놓치거나, 반대로 진리가 아닌 것을 붙잡고 많은 시간과 에너지를 낭비하고 있습니다.

체크리스트

첫 번째로 점검할 것은 "하나님의 말씀과 일치하는가?"입니다. 성령의 음성이나 선포된 말씀을 들을 때 그것을 판단하기 위한 가장 우선적인 기준은 하나님의 말씀입니다.

이때 단지 성경에 그런 구절이 있는지 없는지의 여부만을 보거나 또는 한 구절만 떼어서 임의로 해석할 것이 아니라, 반드시 전체 맥락 가운데 두고 하나님께서 이 구절 또는 단락을 통해 전달하고자 하시는 의도가 무엇인지 살펴야 합니다. 또한 "본문이 본문을 해석하게 하라"라는 말처럼 동일한 주제를 다루고 있는 다른 구절과도 비교하여 뜻이 일관되게 통하는지 확인하고, 또한 그 구절이 기록된 시대와 배경, 저자의 특징도 고려해야 합니다.

두 번째는 "아버지께서 내게 개인적으로 하시는 말씀이 맞는가?" 입니다. 하나님의 말씀을 잘 이해하기 위해서는 그분의 성품과, 나와 그분의 현재 관계에 대해 잘 알고 있어야 합니다. 하나님은 나를 진노로 심판하시는 신이 아니라, 나를 사랑하시는 선한 아버지이십니다. 그러므로 주어진 말씀이 하나님께서 아버지로서 나에게 하실만한 사랑, 권면, 방향 제시를 넘어선 비판이나 정죄, 질타의 말이라면, 이것이 과연 하나님께서 나에게 개인적으로 주시는 말씀이 맞는지 의심해볼만 합니다.

세 번째로 점검해야 할 질문은 "이것을 적용하면 하나님께서 영광 받으시겠는가?" 입니다. "그[성령님]가 내[예수님] 영광을 나타내리니 내 것을 가지고 너희에게 알리시겠음이라"(요 16:14)라고 하신 예수님의 말씀처럼, 우리에게 성령의 감동이나 하나님의 말씀이 주어지는 이유는 그것을 통해 하나님 아버지의 영광을 나타내기 위한 것입니다. 그런데 만약 내가 그대로 행동했을 때 세상 사람들로 하여금 오히려 하나님을 오해하게 하고 그분에 대해 부정적인 인상을 심어줄 수 있다면, 좀 더 점검해 보는 것이 좋습니다. 특히 초신자들은 자신의 열정이나 열망이 계시보다 앞서 엉뚱한 인도를 받는 경우가 종종 있습니다. 이런 경우에는 스스로 말씀을 분별할 능력 자체가 부족할 수 있으므로, 믿음의 선배들이나 영적 권위자에게 확인을 받는 것도 좋은 방법입니다.

이와 같이 몇 가지 질문을 통하여 범사에 헤아림으로 말미암아, 귀하게 여길 것만을 골라 귀하게 여기는 것이 우리 그리스도인들에게 맡겨진 부분이라 하겠습니다. 그리고 이런 과정을 꾸준히 인식하고 훈련하다 보면 우리의 생각이 점점 말씀에 일치함으로 말미암아, 굳이 이러한 의식적인 검증 과정을 거치지 않더라도 귀한 것과 그렇지 않은 것을 심령으로 자연스럽게 구별할 수 있는 수준에 이르게 될 것입니다.

좋은 것을 취하고

> 살전 5:19-21
> 성령을 소멸하지 말며 예언을 멸시하지 말고 범사에 헤아려
> 4 좋은 것을 취하고 hold fast that which is good

'취한다 hold fast'는 말은 단순히 받아들인다는 의미가 아니라, "강하게 붙잡는다"라는 뜻입니다. 즉 검증을 통해 진리라고 승

인된 것에 대해서는 "내 것으로 꽉 붙잡아 소유하라"라는 말입니다.

이와 같이 당신이 무언가를 참으로 '취했다면', 당신은 그것을 당신 삶의 일부가 되도록 허락했다는 의미이고, 그것의 가치를 인정했다는 뜻이며, 동시에 그것보다 가치가 없는 다른 것들을 거절하기로 결단했다는 의미입니다. 한 마디로 하나님의 말씀을 최고의 위치에 두기로 정한 것입니다.

초신자들은 세상의 나쁜 것으로부터 떠나서 하나님의 좋은 것으로 옮겨온 자들입니다. 그러나 성숙한 그리스도인들은 지금의 좋은 것을 떠나서 최고의 것을 붙잡는 자들입니다. 지금의 계시도 좋은 것이겠지만, 우리는 항상 더 위의 것을 추구하므로 언제든지 지금의 것으로부터 떠나서 보다 가치 있고 온전한 것을 취할 준비가 되어있어야 합니다.

존중하는 삶을 사는 자로서, 우리는 가장 먼저 나와 항상 함께 하시는 성령님을 존중하고 그분의 음성에 귀를 기울여야 합니다. 성령님은 삶의 모든 영역에 있어 우리를 생명의 길, 진리의 길, 승리의 길, 형통의 길로 인도하시기 위해 우리 안에 오셔서 우리와 하나 됨을 이루셨습니다. 그분의 참된 인도하심을 잘 분별하여, 소멸하거나 멸시하지 말고 꽉 붙잡아 삶에 적용하십시오.

우리는 심령으로 사는 자입니다. 매 순간 눈에 보이는 상황이나 우리의 이성적 판단을 따라 살 것이 아니라, 나는 새로운 피조물이며 영적인 존재라는 사실을 인식하고 하나님의 말씀과 성령의 인도를 따라 영의 눈으로 바라보고 위의 것을 취하십시오. 그렇게 말씀과 성령에 대한 존중의 태도를 가질 때, 그 선한 영향력이 삶의 모든 관계와 영역으로 확장될 것이며, 당신은 그리스도인으로, 하나님의 대사로서, 또한 하나님의 왕국 백성으로서, 온전하고 충만한 승리의 삶을 경험하게 될 것입니다.

Life of Honor **6**

분야별 존중하는 삶

이번 장에서는 삶의 구체적인 상황마다 우리가 취해야 할 바른 태도가 무엇인지 하나님의 말씀을 통해 확인하려고 합니다.

물론 기본적으로 하나님의 방향은 하나입니다. 어떤 상황이나 상대를 만나더라도 이 방향은 결코 바뀌지 않습니다. 하나님께서는 우리가 하나님에 대한 경외를 근본으로 하여, 항상 겸손한 태도를 가지고 상대를 존중하기를 원하십니다. 이러한 하나님의 길은 항상 생명과 연결되어 있으며, 반드시 합당한 보상이 뒤따라옵니다. 눈에 보이는 상황이 어떻든지 상관없습니다. 보상은 사람도 세상도 아닌, 바로 하나님으로부터 오기 때문입니다.

많은 성도들이 문제를 만나면 "어떻게 해야 할지 모르겠어요!"라며 성령님의 음성을 들으려고 합니다. 그러나 사실 그중에는 하나님의 말씀에 비추어 보기만 해도 간단하게 답이 나오는 것들이 많습니다. 물론 성령 인도를 받으려는 태도는 중요하지만, 우리가 하나님의 말씀을 정확히 알고 또 어떤 상황에서나 말씀에 자신을 기꺼이 양보하는 태도를 가진다면, 많은 경우에 불필요한 수고를 하지 않고 더 빠르고 정확한 길로 바로 들어갈 수가 있을 것입니다.

하나님께서는 성경 말씀을 통해, 존중하는 삶을 사는 자가 인생의 여러 관계 속에서 취해야 할 처세와 태도에 대해 생각보다 구체적으로 알려 주고 계십니다. 이번 장에서 그 말씀들을 하나하나 살펴보는 동안, 각 관계별로 하나님께서 주신 핵심 메시지와 강령이 무엇인지 정확하게 파악하고 기억하시기 바랍니다. 적당히 어느 정도 아는 것으로는 부족합니다. 어떤 상황을 만나더라도 바로 꺼내 쓸 수 있을 정도로 확실히 정리되어야 합니다. 우리가 얼마나 바른 심령을 가지고 있고 하나님의 말씀에 사로잡혀 있는지는 결국, 삶의 실제 상황에서 우리가 보이는 반응과 행동을 통해 가늠되는 것이기 때문입니다.

존중하는 삶을 살기 위한 기초

먼저 존중하는 삶을 살기 위해 기억해야 할 3가지의 기초를 살펴보겠습니다.

① 세상의 방식을 거절하라

세상에는 세상의 원칙이 있습니다. 그러나 그것은 이 세상 신인 사탄의 주도 하에 죄의 본성을 가진 사람들이 살아가는 방식입니다. 반면 우리 그리스도인들은 이 땅에 살지만 이 땅에 속하지 않은 사람으로서, 당연히 그러한 삶의 방식을 거절해야 합니다.

> 시 1:1-3
> 복 있는 사람은 악인들의 꾀를 따르지 아니하며 죄인들의 길에 서지 아니하며 오만한 자들의 자리에 앉지 아니하고 오직 여호와의 율법을 즐거워하여 그의 율법을 주야로 묵상하는도다 그는 시냇가에 심은 나무가 철을 따라 열매를 맺으며 그 잎사귀가 마르지 아니함 같으니 그가 하는 모든 일이 다 형통하리로다

위 말씀은 복 있는 자의 삶에 대해 이야기하면서, 먼저 '하지 말아야 할 일'에 대해 언급합니다. 즉 먼저 불신자의 방법과 태도와 조언을 거절하고, 그런 후에 하나님의 말씀을 묵상하며 지키는 것이 복 있는 자의 삶이라는 것입니다. 이와 같이 '나'라는 그릇에 하나님께서 주시는 축복을 담기 위해서는, 우선 세상의 것들을 제거하고 그로부터 떠남으로써 그릇을 비우는 일이 먼저 이루어져야 합니다.

롬 12:1-2

그러므로 형제들아 내가 하나님의 모든 자비하심으로 너희를 권하노니 너희 몸을 하나님이 기뻐하시는 거룩한 산 제물로 드리라 이는 너희가 드릴 영적 예배니라 너희는 이 세대를 본받지 말고 오직 마음을 새롭게 함으로 변화를 받아 하나님의 선하시고 기뻐하시고 온전하신 뜻이 무엇인지 분별하도록 하라

이 구절에서도 마찬가지로 먼저는 이 세상을 본받기를 거절한 다음, 하나님의 말씀으로 생각을 새롭게 하여 그분의 뜻을 분별하라고 말합니다.

이처럼 우리가 하나님의 말씀을 먹임으로써 생각을 변화시키기 위해서는, 먼저 세상의 것들을 거절하고 받아들이지 않겠다는 결단이 선행되어야 함을 말씀의 여러 곳에서 이야기하고 있습니다.

2 그리스도인에게는 사랑의 본성과 능력이 있음을 기억하라

그리스도인은 거듭날 때 하나님의 본성과 능력을 받은 자들입니다. 하나님의 본성이 무엇입니까? "하나님은 사랑이시라"(요일 4:8, 16) 그러므로 그리스도인인 우리의 본성도 사랑이며, 우리는 사랑할 수 있는 능력을 이미 가지고 있습니다.

이러한 사실을 인식한다면, 우리는 당연히 존중하는 삶을 살아갈 수밖에 없습니다. 앞서 새로운 피조물이 가져야 할 태도는

영혼 구원의 태도, 사랑의 태도, 주는 태도라고 언급한 바 있습니다. 하나님께서는 이 모든 것들을 억지로 하라고 하지 않으시고, 우리 안에 이미 그러한 능력을 주신 후에 그것을 풀어내라고 하십니다.

"우리에게 주신 성령으로 말미암아 하나님의 사랑이 우리 마음에 부은 바 됨이니"(롬 5:5) 우리는 하나님의 뜻대로 살기 위해 성령 인도도 받으려 하고 다른 많은 노력을 하지만, 사실 우리 안에 있는 하나님의 사랑의 흐름을 따라 간다면 그것이 곧 하나님의 뜻에 정확히 일치하는 길입니다.

빌 3:20
그러나 우리의 시민권은 하늘에 있는지라 거기로부터 구원하는 자 곧 주 예수 그리스도를 기다리노니

우리는 이 땅에 살지만 진짜 신분은 하늘에 속해 있는 사람들입니다. 하나님의 자녀, 시온의 백성, 하나님의 본성을 가진 자. 이것이 바로 우리의 신분입니다. 그러므로 우리는 이 땅의 사람들처럼 감정이나 이익을 따라 살지 아니하고, 우리 안에 있는 사랑을 따라 살아갑니다. 성령의 어마어마한 능력이 이미 나에게 와 있습니다. 우리는 단지 이 계시로 생각을 새롭게 하고, 내 안에 이미 있는 것을 발견하여 풀어내기만 하면 됩니다.

고전 13장

내가 사람의 방언과 천사의 말을 할지라도 사랑이 없으면 소리 나는 구리와 울리는 꽹과리가 되고 내가 예언하는 능력이 있어 모든 비밀과 모든 지식을 알고 또 산을 옮길 만한 모든 믿음이 있을지라도 사랑이 없으면 내가 아무 것도 아니요 내가 내게 있는 모든 것으로 구제하고 또 내 몸을 불사르게 내줄지라도 사랑이 없으면 내게 아무 유익이 없느니라 사랑은 오래 참고 사랑은 온유하며 시기하지 아니하며 사랑은 자랑하지 아니하며 교만하지 아니하며 무례히 행하지 아니하며 자기의 유익을 구하지 아니하며 성내지 아니하며 악한 것을 생각하지 아니하며 불의를 기뻐하지 아니하며 진리와 함께 기뻐하고 모든 것을 참으며 모든 것을 믿으며 모든 것을 바라며 모든 것을 견디느니라 사랑은 언제까지나 떨어지지 아니하되 예언도 폐하고 방언도 그치고 지식도 폐하리라 우리는 부분적으로 알고 부분적으로 예언하니 온전한 것이 올 때에는 부분적으로 하던 것이 폐하리라 내가 어렸을 때에는 말하는 것이 어린 아이와 같고 깨닫는 것이 어린 아이와 같고 생각하는 것이 어린 아이와 같다가 장성한 사람이 되어서는 어린 아이의 일을 버렸노라 우리가 지금은 거울로 보는 것 같이 희미하나 그 때에는 얼굴과 얼굴을 대하여 볼 것이요 지금은 내가 부분적으로 아나 그 때에는 주께서 나를 아신 것 같이 내가 온전히 알리라 그런즉 믿음, 소망, 사랑, 이 세 가지는 항상 있을 것인데 그 중의 제일은 사랑이라고린도전서 13장은 모두 잘 알고 있듯이 '사랑'에 대한 장입니다. 여기에서 묘사하는 하나님의 아가페 사랑이 바로 우리에게 부어져 있습니다. 우리는 이런 사랑을 할 수 있는 능력을 가진 사람들입니다.

만약 우리가 이런 사랑으로 행하지 않는다면, 곧 하나님의 뜻을 따라 행하지 않는 것입니다. 사랑과 하나님의 말씀은 항상 같은 방향입니다. 사랑을 거슬러 행하면서 하나님의 말씀을 따를 수 없으며, 사랑이 동기가 되지 않은 일에 하나님께서 역사하실 수 없습니다. 하나님의 본질이 곧 사랑이기 때문입니다.

> 골 3:8-10, 12-17
> 이제는 너희가 이 모든 것을 벗어 버리라 곧 분함과 노여움과 악의와 비방과 너희 입의 부끄러운 말이라 너희가 서로 거짓말을 하지 말라 옛 사람과 그 행위를 벗어 버리고 새 사람을 입었으니 이는 자기를 창조하신 이의 형상을 따라 지식에까지 새롭게 하심을 입은 자니라 …
> 그러므로 너희는 하나님이 택하사 거룩하고 사랑 받는 자처럼 긍휼과 자비와 겸손과 온유와 오래 참음을 옷 입고 누가 누구에게 불만이 있거든 서로 용납하여 피차 용서하되 주께서 너희를 용서하신 것 같이 너희도 그리하고 이 모든 것 위에 사랑을 더하라 이는 온전하게 매는 띠니라 그리스도의 평강이 너희 마음을 주장하게 하라 너희는 평강을 위하여 한 몸

으로 부르심을 받았나니 너희는 또한 감사하는 자가 되라 그리스도의 말씀이 너희 속에 풍성히 거하여 모든 지혜로 피차 가르치며 권면하고 시와 찬송과 신령한 노래를 부르며 감사하는 마음으로 하나님을 찬양하고 또 무엇을 하든지 말에나 일에나 다 주 예수의 이름으로 하고 그를 힘입어 하나님 아버지께 감사하라

우리가 거듭나기 전에는 어두움의 영향력 아래 있었고 사랑할 능력이 전혀 없었습니다. 그러나 이제 우리는 "옛 사람과 그 행위를 벗어 버리고 새 사람을 입었으며", "자기를 창조하신 이의 형상을 따라 지식에까지 새롭게 하심을 입은 자"입니다. 그러므로 이제 긍휼과 자비와 겸손과 온유와 오래 참음 등 온갖 선한 것들이 우리의 자연스러운 성품이자 생활방식이 되었습니다. 말씀은 특별히 "이 모든 것 위에 사랑을 더하라 이는 온전하게 매는 띠니라"라고 말합니다. 이처럼 사랑은 그리스도인의 삶에서 반드시 나타나야 할 특성으로서, 우리는 이 사랑 안에서 성장하고 온전해지기로 결단해야 합니다.

3 하나님과의 관계만 생각하라

하나님께서 주신 말씀에 순종하기로 결단하면, 그분께서 좋은 결과를 주신다는 사실을 신뢰해야 합니다. 어떤 상황이라도, 누구와 얽힌 문제일지라도, 모든 것은 근본적으로 하나님과 나

사이의 문제입니다. 상대가 나에게 얼마나 잘못하든지 상관없습니다. 반대로 상대가 나에게 잘 해준다는 단지 그 이유 때문에 나도 그를 잘 대하는 것이 아닙니다. 내가 하나님을 경외하고 말씀에 따라 사람을 사랑하면, 하나님께서 나에게 직접 보상하실 것입니다.

인간적으로 접근하다보면, 우리는 자꾸 여러 가지 복잡한 생각을 하게 됩니다. '내가 자꾸 봐주니까 날 더 우습게 보는 것 같아.', '이제는 한 번 따끔하게 말할 때가 됐어.' 그러나 우리의 방향은 하나입니다. 언제나 용서하고 축복하고 사랑하는 것만이 우리가 취할 반응입니다. (다만, 자녀 양육에 있어서는 부모에게 주어진 권위로 적절한 훈육을 하는 것도 필요합니다.)

하나님은 우리가 할 수 없는 일을 우리에게 요구하지 않으십니다. 구약의 성도들에게는 "네 이웃을 사랑하라"라는 계명이 주어진 적이 없었지만, 지금 우리에게는 주어졌습니다. 거듭난 우리에게는 그러한 능력이 있기 때문입니다.

그리고 성경에서는 여러 인물을 통해 우리에게 모범을 제시하고 있습니다. 예수님도 그랬고, 스데반도 그랬습니다. 그들은 모진 고통과 수치와 굴욕 중에서도 "그들에게 이 죄를 돌리지 마소서. 저들은 자기들이 무슨 일을 하는지 알지 못합니다."라며 오히려 자기를 핍박하는 사람들을 용서하고 축복했습니다. 그리고 우리도 그들과 동일한 긍휼과 사랑의 본성을 가지고 있습니다.

우리는 무조건 하나님과 나와의 관계만 생각하면 됩니다. 하나님의 말씀은 생명과 연결되어 있기 때문에, 내가 그 말씀을 따라 행할 때 반드시 생명의 능력이 나타나고 변화가 일어나게 됩니다.

이것이 바로 존중하는 삶입니다. 이렇게 접근하면 모든 문제가 너무나 간단해집니다. 예를 들어 고용주와 고용인 사이의 문제라면, 어떤 조건과 상황에 처해 있든지 고용인으로서 내가 취해야 할 반응은 성경에 제시된 그것 단 하나입니다. 그렇게 할 때 하나님의 약속이 결과를 낼 수 있습니다.

불의한 사람을 만났다 하더라도 하나님은 그 가운데에서 나를 축복하실 수 있습니다. 요셉이 그 높은 자리에 오르기까지 어떤 훈련을 거쳤는지, 야곱이 그렇게 많은 복을 받기까지 누구 밑에서 순종했는지 생각해 보십시오. 하나님께서는 어떤 악한 상황이라도 그것을 통해 나에게 필요한 훈련을 주실 수 있고 모든 것을 선으로 돌리실 수 있습니다. 하나님은 당신이 성공하는 길을 정확히 알고 계십니다. 말씀을 따라가기만 하면, 하나님께서 직접 나를 더 큰 그릇으로 빚어 더 크게 사용하실 것입니다. 이것을 믿기 때문에, 우리는 지금 놓인 상황에서 기쁨으로 충성하고 최선을 다하는 것입니다.

지금까지 존중하는 삶의 3가지 기초, 즉 세상의 방식을 거절하고, 우리 안에 이미 부어진 사랑을 인식하며, 하나님과의 관계만을 생각하는 것에 대해 알아보았습니다. 이를 염두에 두고, 삶의 구체적인 관계와 역할에 따라 우리가 취할 태도와 행동은 무엇인지 말씀에서 확인해 보도록 하겠습니다.

영적 권위를 대할 때

> 딤전 5:17-19
>
> 잘 다스리는 장로들은 배나 존경할 자로 알되 말씀과 가르침에 수고하는 이들에게는 더욱 그리할 것이니라
> 성경에 일렀으되 곡식을 밟아 떠는 소의 입에 망을 씌우지 말라 하였고 또 일꾼이 그 삯을 받는 것은 마땅하다 하였느니라
> 장로에 대한 고발은 두세 증인이 없으면 받지 말 것이요

여기에서 '장로'는 지금의 목사라고 볼 수 있습니다. 신약 성경이 기록된 시기는 교회가 세워진지 얼마 되지 않았던 때로서, 당시에 교회의 관리자로 세워졌던 사람들이 후에 자연스럽게 목사의 역할을 감당하게 되었기 때문입니다. 그러므로 위 구절에 따르면 교회의 일꾼들, 그중에서도 특히 말씀을 전하고 가르치는 일을 하는 사역자를 대할 때에는 더욱 존경하는 태도를 가져야 합니다.

또한 일하는 소의 입에 망을 씌우지 않는 것과 같이 주의 일꾼에게는 마땅히 삯이 주어져야 한다고 말합니다. 특별히 막 개척한 교회의 경우 아무리 재정의 규모가 작더라도 이는 반드시 유념해야 할 사항입니다. 교회에 재정이 발생하기 시작하면, 무엇보다 담임 목사님의 사례비를 지급하는데 최우선순위를 두는 것이 바람직합니다.

말씀을 공급받는 자들은 말씀을 전하는 자들을 귀히 여기고 존중하며, 십일조와 헌금을 통해 그들이 생계를 유지할 수 있도록 하는 것이 성경의 방향입니다. 사역자는 성도들에게 이런 내용을 반드시 가르쳐야 합니다. 이는 그들에게 재정적 손실이나 희생을 강요하는 것이 아니라, 오히려 그들로 하여금 하나님께서 주시는 재정의 축복을 막힘없이 누릴 수 있도록 돕는 길입니다.[4]

> 갈 6:6-8
> 가르침을 받는 자는 말씀을 가르치는 자와 모든 좋은 것을 함께 하라 스스로 속이지 말라 하나님은 업신여김을 받지 아니하시나니 사람이 무엇으로 심든지 그대로 거두리라 자기의 육체를 위하여 심는 자는 육체로부터 썩어질 것을 거두고 성령을 위하여 심는 자는 성령으로부터 영생을 거두리라

위 말씀에서도, 말씀을 배우는 자는 가르치는 자와 마땅히 모든 좋은 것을 함께 나누라고 하면서 무엇을 심든지 그 열매를 그대로 거두게 될 것이라고 말합니다.

성도들이 목회자에게 가져야 할 태도를 영어로는 두 가지

---

[4] 이에 대한 더 자세한 내용은 케네스 E. 해긴 저, 『재정적인 번영에 대한 성경적 열쇠들』(믿음의 말씀사)의 5장 「당신의 목사님을 존경하고 하나님의 축복을 받으십시오」 참조.

단어, 즉 "서포트support:후원, 지지"와 "서브밋submit:복종"으로 표현합니다. 즉 성도들은 목회자에 대해 무슨 일에나 전적으로 후원하고 순종하는 자세를 유지해야 한다는 것입니다.

우리는 살면서 해결하고 싶은 여러 문제를 만나게 됩니다. 그러나 사실 변화는 특정한 방법으로 인해 오는 것이 아니라, 새로운 차원의 영적 계시를 통해서 오게 됩니다. 그러므로 성도들에게 그런 계시를 전달하는 말씀 사역자들은 성도들의 삶에 있어 절대적으로 중요한 역할을 감당하고 있는 것입니다.

성도들은 여러 가지 통로를 통해 말씀 사역자들에게 존경을 나타냄으로써 그들이 가진 기름부음의 흐름을 자기에게로 가져올 수 있습니다. 그리고 물질은 그 중요한 통로 중의 하나입니다.

이 주제에 관해, 눈에 보이는 결과나 현상을 따라 법칙을 만들려고 하지 말고 하나님의 복이 흘러가는 원리에 주목하시기 바랍니다. 예를 들어, 어떤 사람이 온전한 십일조와 헌금을 하기 시작하면서 영적으로 성장하고 물질 축복을 받게 되었다고 합시다. 이것을 보고 누군가는 "역시 교회와 목사님께 많이 드리면 축복받는다."라는 결론을 내려 하나님께 투자하는 기분으로 열심히 헌금을 할 수도 있고, 그 덕분에 '심고 거두는 원리'에 따라 어느 정도 결과를 볼 수도 있습니다.

그러나 이것이 하나님께서 역사하시는 참 원리는 아닙니다. 우리가 그리스도인으로서 하나님을 경외하고 사역자를 존중한다는 것이 어떤 의미입니까? 하나님은 우리의 중심을 꿰뚫어 보십니다. 성경의 방향을 따라 존중하는 삶을 사는 자라면 당연히 목회자를 사랑하고 존경하며, 그의 모든 필요를 빠르게 파악하고 채우는 일에 관심을 가질 것입니다. 재정적인 필요든 여타 사역적인 필요든 마찬가지입니다. 그들은 하나님의 교회와 목회자를 존중하기 때문에 무엇이든 필요한 부분에 자신의 재능과 재물과 시간을 기꺼이 드립니다.

또한 이런 성도들은 당연히 목회자의 입에서 선포되는 하나님의 복음의 메시지를 존중합니다. 이들은 목사님이 선포하는 말씀에 항상 귀를 기울이고 예민하게 반응하여 계시와 기름부음을 취할 줄 아는 사람들입니다. 그렇기 때문에 삶에서 말씀이 실재가 되는 일을 누구보다 많이 경험합니다. 하나님의 말씀은 존중받는 곳에서 효력을 나타내기 때문입니다.

이런 흐름을 이해하시겠습니까? 결과적으로는 헌금을 많이 드렸으므로 복을 받은 것처럼 보이지만, 본질적으로는 단순히 '헌금을 많이 드렸기 때문에' 복을 받은 것이 아니라 헌금을 많이 드리는 자의 "중심" 즉 그 심령의 태도가 축복이 흘러올 길을 닦은 것이며, 결정적으로 그가 믿음의 행동이자 사랑의 표현으로서 드린 헌금이 그 문을 활짝 여는 역할을 한 것입니다.

다시 말하지만 "헌금" 자체가 당신에게 복을 가져다주는 것이 아닙니다. 하나님을 경외하고 말씀에 순종하며 사역자를 존경하는 당신의 "바른 심령"이 헌금으로 "표현"될 때, 그것이 바로 당신의 삶에 축복을 가져오는 열쇠가 될 것입니다.

히 13:7

하나님의 말씀을 너희에게 일러 주고 너희를 인도하던 자들을 생각하며 그들의 행실의 결말을 주의하여 보고 그들의 믿음을 본받으라

말씀을 전하는 사역자는 물론, 교회 안에서 오래 신앙생활을 하신 영적 선배나 셀 리더를 존중하고 그들의 믿음을 본받으라는 것이 하나님께서 성도들에게 주시는 방향입니다.

사실 하나님의 나라는 말 그대로 "왕국kingdom"으로서, 민주주의 체제가 아니라 위로부터 주신 영적 권세로 말미암아 운영되는 나라입니다. 만에 하나 교회 안에서 어떤 일을 투표로 결정하게 된다 하더라도 그것은 영적으로 성숙하고 바른 결정을 내릴 수 있는 사람들에게만 결정권이 있는 것이지, 성도 전체를 대상으로 투표를 부쳐 결정하는 식은 될 수 없습니다.

하나님께서는 왕국의 조직을 존중하십니다. 이는 모세가 이방 여인을 취하여 아론과 미리암이 그에게 대적했을 때 나타났던 결과를 보아도 알 수 있습니다. 인간적인 기준으로 볼 때 모세에게 흠이 있었던 것은 사실이었지만, 그에 대해 배역의 태도로 대응한 아론과 미리암에게 오히려 더 큰 화가 임했습니다.

교회 안에서 영적 권위로서 존경해야 할 사람에게서 어떤 약점을 발견했다 하더라도, 우리는 끝까지 그에 대해 존중하는 태도를 유지해야 합니다. 우리가 그를 존중하는 근거는 상대의 어떠함이 아니라 하나님께서 부여하신 권위에 의한 것이기 때문입니다. 어떤 상황에서도 우리는 우리가 가져야 할 태도를 유지하면서 하나님의 말씀과 성령의 인도를 따라 반응해야 합니다. 설령 영적 권위자가 말씀에 어긋난 행동을 하더라도 마찬가지입니다. 그분과 계속 같은 길을 갈 수는 없지만, 그를 떠날 때에도 태도는 바르게 해야 합니다. 우리는 우리의 할 바를 할 뿐이며, 심판은 하나님께서 하실 것입니다.

이처럼 성경에서는 성도가 교회 안에서 상위 권위자에 대해 가져야 할 태도에 대해 "순종하고 후원하라"라는 방향을 제시합니다. 다시 말하지만 그렇다고 말씀에 어긋나는 요구까지 모두 따르라는 뜻은 아닙니다. 그러나 그럼에도 불구하고 상위 권위자에 대한 우리의 태도만은 항상 존중하는 태도여야 합니다. 영어 표현 중에 전적으로 후원하는 상태를 나타내는 말로 "완전히 팔렸다completely sold"라는 표현이 있습니다. 우리는 말 그대로 그리스도의 피 값에 팔린 자로서, 이 땅에서 나에게 하나님의 말씀을 대언하고 비전을 제시해 주시는 나의 목사님을 적극적으로 따르고 후원할 수 있어야 합니다. "머리에 있는 보배로운 기름이 수염 곧 아론의 수염에 흘러서 그의 옷깃까지 내림 같고"(시 133:2) 기름부음은 머리에서부터 아래로 순서를 따라 흘러가는 것입니다. 우리가 그리스도 안에서 온전한 축복과 기름부음을 공급받기 위해서는 하나님을 경외하는 것은 기본이요, 그리스도의 몸 된 교회의 흐름 안에서 목회자와 다른 성도들을 항상 존중하고 지지하는 태도를 가져야 합니다.

성도 간에 서로 대할 때

빌 2:1-4

그러므로 그리스도 안에 무슨 권면이나 사랑의 무슨 위로나 성령의 무슨 교제나 긍휼이나 자비가 있거든 마음을 같이하여 같은 사랑을 가지고 뜻을 합하며 한마음을 품어 아무 일에든지 다툼이나 허영으로 하지 말고 오직 겸손한 마음으로 각각 자기보다 남을 낫게 여기고 각각 자기 일을 돌볼뿐더러 또한 각각 다른 사람들의 일을 돌보아 나의 기쁨을 충만하게 하라

가장 중요한 것은 "하나 됨"입니다. 성도 간에 다툼이나 허영을 멀리하고, 같은 사랑을 갖고 한마음을 품어 겸손하게 서로 배려하고 섬길 때, 그것이 하나님의 기쁨이 된다고 말하고 있습니다.

요일 3:14-16

우리는 형제를 사랑함으로 사망에서 옮겨 생명으로 들어간 줄을 알거니와 사랑하지 아니하는 자는 사망에 머물러 있느니라 그 형제를 미워하는 자마다 살인하는 자니 살인하는 자마다 영생이 그 속에 거하지 아니하는 것을 너희가 아는 바라 그가 우리를 위하여 목숨을 버리셨으니 우리가 이로써 사랑을 알고 우리도 형제들을 위하여 목숨을 버리는 것이 마땅하니라

골 3:12-17

그러므로 너희는 하나님이 택하사 거룩하고 사랑 받는 자처럼 긍휼과 자비와 겸손과 온유와 오래 참음을 옷 입고 누가 누구에게 불만이 있거든 서로 용납하여 피차 용서하되 주께서 너희를 용서하신 것 같이 너희도 그리하고 이 모든 것 위에 사랑을 더하라 이는 온전하게 매는 띠니라 그리스도의 평강이 너희 마음을 주장하게 하라 너희는 평강을 위하여 한 몸으로 부르심을 받았나니 너희는 또한 감사하는 자가 되라 그리스도의 말씀이 너희 속에 풍성히 거하여 모든 지혜로 피차 가르치며 권면하고 시와 찬송과 신령한 노래를 부르며 감사하는 마음으로 하나님을 찬양하고 또 무엇을 하든지 말에나 일에나 다 주 예수의 이름으로 하고 그를 힘입어 하나님 아버지께 감사하라

위의 두 말씀은 모두 그리스도인들에게 주시는 말씀으로서, 우리가 그리스도 안에서 한 몸이자 형제가 된 것을 인식하고, 우리 안에 이미 부어진 그리스도의 사랑을 통하여 서로 사랑하고 용서하라고 말합니다.

마 5:23-24

그러므로 예물을 제단에 드리려다가 거기서 네 형제에게 원망들을 만한 일이 있는 것이 생각나거든 예물을 제단 앞에 두고 먼저 가서 형제와 화목하고 그 후에 와서 예물을 드리라

하나님께서는 무엇보다도 지체 간에 분리되는 일을 싫어하십니다. 만약 우리가 형제와 하나 되지 못하고 사랑으로 용납하지 못한 부분이 있다면, 예배를 드리러 오던 길이라도 돌이켜 먼저 해결하고 오라고 말씀하실 정도입니다. 그만큼 그리스도의 몸이 분리되고 그 사이에 어둠이 틈타는 것을 경계하신 것입니다.

우리가 늘 하는 성찬의 의미가 무엇입니까? 우리를 위해 쪼개진 그리스도의 몸을 나누어 먹고, 그리스도와 우리 모든 지체가 서로 한 몸이 되는 것을 기념하는 것입니다. 그러므로 우리는 예수님께서 친히 쪼개지심으로 하나 되게 하신 이 교회를 다시 나누는 일을 해서는 안 될 것입니다.

형제가 범죄 했을 때

믿음의 형제간에 하나 되어 사랑하고 용납하는 일이 물론 중요하기는 하지만, 그렇다고 말씀에 어긋난 일을 모두 다 수용하고 무질서를 방치할 수는 없습니다. 자녀를 사랑하기 때문에 잘못을 내버려두지 않고 훈계와 초달을 하듯이, 교회 안에서도 형제가 범죄 했을 경우에는 적절한 조치를 취함으로써 그가 잘못을 깨닫고 돌이킬 수 있도록 도움을 주어야 합니다.

마 18:15-17
네 형제가 죄를 범하거든 가서 [1]너와 그 사람과만 상대하여 권고하라 만일 들으면 네가 네 형제를 얻은 것이요 만일 듣지 않거든 ²한두 사람을 데리고 가서 두세 증인의 입으로 말마다 확증하게 하라 만일 그들의 말도 듣지 않거든 ³교회에 말하고 교회의 말도 듣지 않거든 이방인과 세리와 같이 여기라

위의 말씀에서는 형제가 죄를 범했을 때 취해야 할 행동에 대해 자세하게 설명되어 있습니다. 여기에서 중요한 것은 처리 방식 자체가 아니라, 그 바탕에 있는 중심입니다. 이 모든 과정이 그를 심판하고 처벌하기 위한 것이 아니라 어떻게든 형제를 돌이켜 얻기 위한 것임을 유념하고, 모든 과정이 사랑과 존중의 심령을 따라 이루어져야 합니다.

가장 먼저, '너와 그 사람과만 상대하여 권고하라'는 것은 당사자에게 해명할 기회를 주어야 한다는 뜻입니다. 형제의 잘못을 알게 되었다면, 그것을 다른 사람에게 떠벌리지 말고 먼저 개인적으로 찾아가서 충분히 입장을 말하고 설명할 기회를 주라는 것입니다. 혹시 내가 오해한 것은 없는지 자기 자신도 점검하는 한편, 대화 가운데 적절한 권면을 함으로써 형제가 옳은 길로 돌이킬 수 있도록 도와주어야 합니다.

그런데 만약 변화가 없다면, '한두 사람을 데리고 가서' 다시 말해야 합니다. 이때에는 셀 리더와 같이 영적으로 더 큰 영향력이 있는 사람과 동행하여 권면하는 것이 좋습니다.

그 말도 듣지 않는다면, 이제는 교회에 알려야 합니다. 즉 지역 교회의 대표자인 목사님께 알리고 도움을 구하라는 뜻입니다.

그리고 마지막으로 교회의 말도 듣지 않는다면, '이방인과 세리와 같이 여기라'고 말합니다. 이 또한 그를 교회에서 내치고 완전히 죄인처럼 대하라는 뜻으로 해석하기보다는, 마치 전도대상자를 대하듯이 영적인 반응이나 책임은 바라지 말고 다만 사랑의 마음으로 그가 돌아오기를 기다리라는 뜻으로 이해하는 것이 더 적합할 것입니다. 누구든지 끊임없이 기대하고 기다리고 기회를 주는 것이 우리의 방향이기 때문입니다.

믿지 않는 자들을 대할 때

앞서 보았듯이 그리스도인이 존중하는 삶을 성공적으로 사는 것은 불신자의 영원한 구원에 영향을 미칠 수 있는 중대한 문제입니다. 그러므로 우리는 불신자를 대할 때 항상 영혼 구원이라는 선한 목적을 인식하고, 존중하는 삶의 본을 보이며 그들을 아끼고 섬겨야 합니다.

> 골 4:5-6
> 외인에게 대해서는 지혜로 행하여 세월을 아끼라 너희 말을 항상 은혜 가운데서 소금으로 맛을 냄과 같이 하라 그리하면 각 사람에게 마땅히 대답할 것을 알리라

그리스도 밖에 있는 자들을 대할 때는 지혜롭게 행하고 세월을 아껴야 합니다. 전도 목적이라고 해서 그들과 마냥 시간을 같이 보내는 것은 자칫 낭비가 될 수 있으므로, 성령의 지혜 가운데 효율적으로 만나는 것이 좋습니다.

또한 항상 은혜 가운데 필요한 말을 해야 합니다. 그들은 항상 우리를 볼 때 책잡을 구실을 찾고 있으므로, 그들이 듣기에 오해를 살만한 말은 조심하면서 성령의 감동에 따라 필요한 말로 그들의 심령을 자극하는 것이 중요합니다.

불신자를 만나기 전에 할 말을 미리 준비하는 것도 좋지만, 또 한편으로 매순간 성령님께서 하시는 말씀에 귀를 기울이고 틈을 내어 드리는 것도 중요합니다. 그들이 예상치 못한 질문을 할 때, 또는 대화 중에 생각지 못한 필요를 발견했을 때, 그때마다 성령님께서는 당신에게 합당한 말을 알려 주실 것입니다. 물론 만남을 위해 필요한 준비는 해야겠지만, 나 혼자 100%를 다 채우려고 하기보다 언제나 그 이상으로 일하시는 성령님을 기대하고 여지를 남겨둔다면, 나의 생각을 뛰어넘는 성령님의 초자연적인 역사로 인해 훨씬 더 크고 풍성한 열매를 얻게 될 것입니다.

우리의 말은 그들을 정죄하고 판단하는 말이 아니라, 마치 소금으로 맛을 내는 것같이 상대를 세우고 격려하며 더 좋은 삶을 제시하는 희망적인 말이 되어야 합니다. 그런 말 한마디가 불신자들의 심령을 건드릴 때 그들이 하나님의 선하심과 사랑을 느끼고 회심하는 역사가 일어날 수 있습니다.

그렇다면 불신자가 우리에게 악행을 할 경우에는 어떻게 대처해야 할까요?

> 마 5:44-48
>
> 나는 너희에게 이르노니 너희 원수를 사랑하며 너희를 박해하는 자를 위하여 기도하라 이같이 한즉 하늘에 계신 너희 아버지의 아들이 되리니 이는 하나님이 그 해를 악인과 선인에게 비추시며 비를 의로운 자와 불의한 자에게 내려주심이라 너희가 너희를 사랑하는 자를 사랑하면 무슨 상이 있으리요 세리도 이같이 아니하느냐 또 너희가 너희 형제에게만 문안하면 남보다 더하는 것이 무엇이냐 이방인들도 이같이 아니하느냐 그러므로 하늘에 계신 너희 아버지의 온전하심과 같이 너희도 온전하라

성경은 정확하게 방향을 제시합니다. "원수를 사랑하며 너희를 박해하는 자를 위하여 기도하라" 이것은 하나님의 본성으로 거듭난 새로운 피조물만이 할 수 있는 일입니다. 이미 하나님의 아가페 사랑이 부어졌기 때문에 우리는 예수님께서 명하신 이 황금률을 지킬 수 있습니다. 그러므로 그 능력을 인식하고 성품을 계발함으로써, '아버지께서 온전하신 것같이 우리도 온전한' 상태로 나아가기로 결단해야 합니다.

우리에게 악하게 구는 자일지라도 계속 존중하고 사랑하다보

면, 그들은 분명히 우리에게서 뭔가 특별한 것을 발견하게 되고, 나아가 자신도 그것을 갖고 싶어 하게 될 것입니다. 어둠을 어둠으로 대항해서는 아무 변화도 일어나지 않습니다. 우리는 생명의 빛으로 어둠을 밝혀야 합니다. 이것이 그리스도인들이 불신자와 세상을 향해 덕을 끼치는 방법입니다.

세상의 통치자를 대할 때

성경에는 우리가 세상의 통치자에 대해서 "순종하고 기도하라"라고 가르칩니다. 물론 성경이 기록되었던 당시와는 달리 지금은 민주주의 정치 제도가 확립되어 투표를 통해서 원하는 사람을 선택하고 지도자로 세울 수 있습니다. 하지만 일단 한 사람이 선출되고 그에게 권위가 부여되고 나면, 우리가 그에 대해 가져야 할 태도는 예나 지금이나 다르지 않습니다.

> 롬 13:1-7
> 각 사람은 위에 있는 권세들에게 복종하라 권세는 하나님으로부터 나지 않음이 없나니 모든 권세는 다 하나님께서 정하신 바라 그러므로 권세를 거스르는 자는 하나님의 명을 거스름이니 거스르는 자들은 심판을 자취하리라 다스리는 자들은 선한 일에 대하여 두려움이 되지 않고 악한 일에 대하여 되나니 네가 권세를 두려워하지 아니하려느냐 선을 행

하라 그리하면 그에게 칭찬을 받으리라 그는 하나님의 사역자가 되어 네게 선을 베푸는 자니라 그러나 네가 악을 행하거든 두려워하라 그가 공연히 칼을 가지지 아니하였으니 곧 하나님의 사역자가 되어 악을 행하는 자에게 진노하심을 따라 보응하는 자니라 그러므로 복종하지 아니할 수 없으니 진노 때문에 할 것이 아니라 양심을 따라 할 것이라 너희가 조세를 바치는 것도 이로 말미암음이라 그들이 하나님의 일꾼이 되어 바로 이 일에 항상 힘쓰느니라 모든 자에게 줄 것을 주되 조세를 받을 자에게 조세를 바치고 관세를 받을 자에게 관세를 바치고 두려워할 자를 두려워하며 존경할 자를 존경하라

위의 구절에서 보다시피, 세상에서 다스리는 자리에 있는 사람들에게는 세상 법과 원칙을 행사할 능력이 있으므로, 그에 대항하면 불이익을 당하게 됩니다. 또한 우리는 납세의 의무를 비롯하여 사회 구성원에게 부여된 여러 의무를 충실히 이행해야 합니다. 이 세상의 신이 사탄인 것은 사실이지만, 그렇다고 세상의 기본 조직과 규범을 다 무시하며 살아도 된다는 뜻은 아닙니다. 예를 들어 예배에 늦지 않기 위해서라는 이유로 교통 법규를 무시하고 과속으로 달려가거나, 교회에 헌금을 많이 하기 위해서라는 이유로 탈세를 하는 일들이 하나님 앞에 정당하다고 인정될 수는 없습니다.

사회의 제도와 법은 기본적으로 사회 정의와 평화를 이루기 위한 선한 의도로 제정된 것이므로, 우리는 이 땅에 사는 동안 내가 속한 사회가 안정적으로 유지될 수 있도록, 정해진 권위 체계를 존중하고 규범을 준수하는 태도를 가져야 합니다. 물론 인간이 만든 체계 안에는 분명히 빈틈이 있고 불공정한 요소가 존재합니다. 그러나 우리는 세상의 대가를 기대해서가 아니라, 오직 말씀과 하나님을 신뢰하기 때문에 성숙한 그리스도인으로서 마땅히 살아야 할 방향을 따라 살아가는 것입니다. 그리고 그렇게 할 때 하나님께서 우리에게 합당한 보상과 축복을 주실 것입니다.

또한 그리스도인들은 정부와 나라를 위해 기도해야 할 책임을 가지고 있습니다. 위에서 언급했다시피 인간 사회의 모든 일에는 불완전한 요소가 있을 수밖에 없으므로, 적절한 사람이 세워져 올바른 통치를 할 수 있도록 믿는 자들이 중보 해야 합니다.

딤전 2:1-4
그러므로 내가 첫째로 권하노니 모든 사람을 위하여 간구와 기도와 도고와 감사를 하되 임금들과 높은 지위에 있는 모든 사람을 위하여 하라 이는 우리가 모든 경건과 단정함으로 고요하고 평안한 생활을 하려 함이라 이것이 우리 구주 하나님 앞에 선하고 받으실 만한 것이니 하나님은 모든 사람이 구원을 받으며 진리를 아는 데에 이르기를 원하시느니라 모든 사람을 위해 기도하되 특별히 높은 지위에 있는 사람들을 위해 기도할 것을 권면하면서, 그 이유를 "우리가 모든 경건과 단정함으로 고요하고 평안한 생활을 하기 위해서"라고 너무나 정확하게 언급합니다. 우리나라의 지도자들이 통치를 제대로 하지 못하고 잘못된 정책을 편다면, 우리의 평안한 일상은 물론 신앙까지도 위협받을 수 있습니다.

그러므로 특별히 불신자가 권세의 자리에 앉았을 때 그리스도인들은 다음의 두 가지를 위해 기도해야 합니다. 첫째는 그들이 하나님 왕국의 일을 방해하는 정책을 펴지 않도록 하는 것이며, 둘째는 그들의 구원을 위해서 입니다. 하나님께서는 모든 사람이 구원을 받고 진리를 아는 데에 이르기를 원하시기 때문입니다.

세상의 통치자나 정부가 하는 일에 바람직하지 못한 부분이 있을 수 있습니다. 그러나 그럴 때에도 우리가 할 일은 비판이나 반대가 아니라, 기도입니다. 변화를 원한다면 기도하십시오. 우리 새로운 피조물이 하는 말에는 권세가 있습니다. 지도자들 주변에 지혜로운 사람들이 붙고, 상황 가운데 하나님의 역사가 일어나도록 선포하고 명령하십시오. 그리고 만약 내가 통치자에게 권면할 수 있는 위치에 있다면 성령의 감동을 따라 올바른 조언을 할 수 있도록 인도를 받으십시오. 다만 무엇을 하든지 우리의 태도는 항상 '존중'이어야 합니다. 우리에게 주어진 영적 권세와 능력을 다른 사람을 무너뜨리는데 사용하지 마십시오. 우리는 하나님의 말씀과 성령의 능력을 풀어냄으로써 무엇이든지 온전하게 세우고 선하게 변화시키도록 부름 받은 사람들입니다.

고용주를 대할 때

엡 6:5-8
종들아 두려워하고 떨며 성실한 마음으로 육체의 상전에게 순종하기를 그리스도께 하듯 하라 눈가림만 하여 사람을 기쁘게 하는 자처럼 하지 말고 그리스도의 종들처럼 마음으로 하나님의 뜻을 행하고 기쁜 마음으로 섬기기를 주께 하듯 하고 사람들에게 하듯 하지 말라 이는 각 사람이 무슨 선을 행하든지 종이나 자유인이나 주께로부터 그대로 받을 줄을 앎이라

골 3:22-25
종들아 모든 일에 육신의 상전들에게 순종하되 사람을 기쁘게 하는 자와 같이 눈가림만 하지 말고 오직 주를 두려워하여 성실한 마음으로 하라 무슨 일을 하든지 마음을 다하여 주께 하듯 하고 사람에게 하듯 하지 말라 이는 기업의 상을 주께 받을 줄 아나니 너희는 주 그리스도를 섬기느니라 불의를 행하는 자는 불의의 보응을 받으리니 주는 사람을 외모로 취하심이 없느니라

여기에서 종과 상전이라는 말은 지금의 고용주와 고용인, 또는 상사와 부하 직원으로 바꾸어 이해할 수 있습니다. 위의 두 구절은 이에 대해 공통적으로 "눈가림으로 하지 말고 오직 주를 의식하여 모든 일에 그리스도께 하듯 마음을 다하여 하라"라고 하면서, 그렇게 할 때 "주님으로부터" 상을 받게 될 것이라고 말하고 있습니다. 하나님께서는 사람의 눈이 보이지 않을 때 우리의 태도가 바뀔 수 있다는 것을 잘 아시고 이 부분을 다루신 것입니다.

고용주가 직원을 채용한다는 것은 그의 시간과 재능을 대가를 주고 산다는 의미입니다. 그러므로 우리는 일터에 있는 동안 누가 지켜보든지 보지 않든지 주어진 시간 동안 나의 역량을 온전히 집중해야 합니다. 이것은 단지 고용주를 존중하는 문제를 넘어서 그리스도인으로서 마땅히 가져야 할 직업윤리이며, 나아가 살아가면서 내 삶의 주인 되신 하나님 앞에서 가져야 할 태도이기도 합니다.

벧전 2:18
사환들아 범사에 두려워함으로 주인들에게 순종하되 선하고 관용하는 자들에게만 아니라 또한 까다로운 자들에게도 그리하라

상대가 선하고 관용적인 사람이라면 누구나 거부감 없이 그의 말을 따르고 순종할 것이며, 사실 우리 스스로도 그런 사람이 되

어야 합니다. 그러나 상대가 까다로운 사람이라 할지라도 여전히 같은 태도를 유지해야 합니다. 우리는 육신이나 감정이 아니라 거듭난 영과 말씀을 따라 사는 사람들이기 때문입니다.

> 딤전 6:1-2
> 무릇 멍에 아래에 있는 종들은 자기 상전들을 범사에 마땅히 공경할 자로 알지니 이는 하나님의 이름과 교훈으로 비방을 받지 않게 하려 함이라 믿는 상전이 있는 자들은 그 상전을 형제라고 가볍게 여기지 말고 더 잘 섬기게 하라 이는 유익을 받는 자들이 믿는 자요 사랑을 받는 자임이라 너는 이것들을 가르치고 권하라

불신자를 상관으로 두었을 경우에는 하나님의 이름과 교훈이 비방을 받지 않도록 바른 태도를 유지해야 합니다. 그런데 믿는 자를 상관으로 두었을 때에도, 그리스도 안에서 한 형제자매라고 쉽게 여길 것이 아니라 오히려 더 잘 섬기고 존중하라고 말씀은 말합니다. 결국 누구를 대하든지 우리가 취해야 할 방향은 단 하나인 것입니다.

> 딛 2:9-10
> 종들은 자기 상전들에게 범사에 순종하여 기쁘게 하고 거슬러 말하지 말며 훔치지 말고 오히려 모든 참된 신실성을 나타

내게 하라 이는 범사에 우리 구주 하나님의 교훈을 빛나게 하려 함이라

위 구절은 구체적인 행동 양식을 열거하고 있습니다. 고용된 사람으로서 우리는 매사에 정직함과 신실함을 유지해야 하며, 우리의 그러한 태도를 통해 주 하나님의 이름이 영광을 받게 될 것입니다.

고용인을 대할 때

반대로 고용주는 고용된 사람들을 어떻게 대해야 할까요?

삼하 23:3-4
이스라엘의 하나님이 말씀하시며 이스라엘의 반석이 내게 이르시기를 사람을 공의로 다스리는 자 하나님을 경외함으로 다스리는 자여 그는 돋는 해의 아침 빛 같고 구름 없는 아침 같고 비 내린 후의 광선으로 땅에서 움이 돋는 새 풀 같으니라 하시도다

어떤 자리든 권세를 가진 자리에 있는 사람은 하나님에 대한 경외를 바탕으로 공의롭게 행해야 합니다. 그럴 때 하나님께서 놀라운 생명과 형통의 축복을 주시리라고 약속하고 계십니다. 즉 세상의 여느 사람들처럼 자기가 가진 권세를 남용하는 것이

아니라, 하나님의 눈을 의식하고 바른 중심으로 다스릴 때 자신은 물론이며 그가 영향력을 행사하는 모든 영역이 복을 받게 되는 것입니다.

레 25:43
너는 그를 엄하게 부리지 말고 네 하나님을 경외하라

자신이 주도권을 가진 위치에 있다고 해서 아랫사람을 정신적으로나 육체적으로 가혹하게 대해서는 안 되며, 하나님을 경외하는 자답게 그를 세워주어야 합니다.

골 4:1
상전들아 의와 공평을 종들에게 베풀지니 너희에게도 하늘에 상전이 계심을 알지어다

마찬가지로 이 말씀에서도 하늘에 계신 상전, 즉 하나님을 인식하고 자신의 영향권에 있는 사람들을 의와 공평으로 대하라고 말합니다. 이와 같이 사람을 부리는 위치에 있는 사람에게는 항상 더 높으신 하나님을 의식하되 특별히 공평을 강조하는 것을 볼 수 있습니다.

누구든지 육신적으로는 더 끌리고 마음에 드는 사람이 있을 수 있습니다. 그러나 그런 감정을 따라 특정한 사람을 편애한다면

결국 조직 내에 분란과 갈등을 일으키게 됩니다. 그리스도인으로서 우리는 육신이 아닌 영의 눈으로 상대를 바라보며 적절히 일을 분배하고 공정히 대우해야 합니다. 즉 실력이나 태도처럼 누구나 납득할 수 있는 정확한 기준을 가지고 아랫사람들을 평가하고 기회를 주어야 한다는 것입니다. 그렇지 않으면 그 조직은 갈등과 와해로 인해 최고의 잠재력을 발휘하기 어렵게 될 것입니다.

사실 관계에서 발생하는 문제는, 둘 중 더 높은 권위와 주도권을 가진 쪽에 더 큰 책임이 있는 경우가 대부분입니다. 조직이라면 대표, 가정이라면 부모, 부부라면 남편과 같이 머리로 세워진 쪽이 성숙하게 말씀을 따라 대처하지 못할 경우, 반대의 경우보다 더 큰 문제가 발생할 수 있음을 기억해야 합니다.

부모를 대할 때

자녀가 부모에 대하여 가질 태도는 "순종하고 공경하라"라는 말로 정리할 수 있습니다.

> 골 3:20
> 자녀들아 모든 일에 부모에게 순종하라 이는 주 안에서 기쁘게 하는 것이니라

자녀는 부모님에 대해 "모든 일에" 순종하는 태도를 가져야 합

니다. 때로 부모님이 온전하지 않은 말과 행동을 하거나 심지어 말씀에 어긋나는 지시를 할지라도, 그 말을 이행하지는 못하더라도 반드시 태도만은 순종의 태도를 유지해야 합니다.

> 엡 6:1-3
> 자녀들아 주 안에서 너희 부모에게 순종하라 이것이 옳으니라
> 네 아버지와 어머니를 공경하라 이것은 약속이 있는 첫 계명
> 이니 이로써 네가 잘되고 땅에서 장수하리라

마찬가지로 부모에게 순종하고 그들을 공경하라고 말하면서, 이것이 "약속이 있는 첫 계명"이라고 말합니다. 하나님께서는 육신의 부모를 공경하는 사람들에게 이 땅에 사는 동안 형통과 장수를 주시겠다고 약속하셨습니다.

자녀를 대할 때

가정에서 부모가 부모로서 가져야 할 바른 태도를 계발하지 못하면, 사탄은 그것을 발판 삼아 자녀의 삶을 방해할 수 있습니다.

> 엡 6:4
> 또 아비들아 너희 자녀를 노엽게 하지 말고 오직 주의 교훈과
> 훈계로 양육하라

첫째로 부모는 자녀를 화나게 해서는 안 됩니다. 이는 자녀가 감정적으로 미숙한 상태에서 분을 내는 것을 말하는 것이 아니라, 부모의 미성숙함으로 인해 자녀를 슬프게 하거나 화나게 하는 일을 말합니다. 이럴 경우 부모에 대한 자녀들의 존경심은 사라지고 반항심이 커지게 됩니다.

둘째로 자녀를 말씀으로 잘 가르쳐야 합니다. 성경에는 하나님을 섬기고 말씀을 따르는 자들에게 주시는 축복과 약속에 대한 말씀이 많이 있습니다. 그런데 '믿는 자의 자녀는 이런 축복을 받을 것이다'라고 말하는 말씀은 찾기가 쉽지 않습니다. 대신 잠언에 보면 자녀를 말씀으로 훈계하라는 말씀이 반복해서 나옵니다. 즉 믿는 자의 자녀라고 해서 자연히 복을 받는 것이 아니라, 말씀으로 잘 양육하고 세워주었을 때 복을 받는 자리에 이르게 된다는 뜻입니다. 그러므로 부모는 자녀를 하나님의 말씀으로, 특별히 새로운 피조물의 계시로 훈육하여 강건히 세우는 것을 자신의 사명으로 알고 충실하게 이행해야 합니다.

아내가 남편을 대할 때

> 벧전 3:1-6
> 아내들아 이와 같이 자기 남편에게 순종하라 이는 혹 말씀을 순종하지 않는 자라도 말로 말미암지 않고 그 아내의 행실로 말미암아 구원을 받게 하려 함이니 너희의 두려워하며 정결

한 행실을 봄이라 너희의 단장은 머리를 꾸미고 금을 차고 아름다운 옷을 입는 외모로 하지 말고 오직 마음에 숨은 사람을 온유하고 안정한 심령의 썩지 아니할 것으로 하라 이는 하나님 앞에 값진 것이니라 전에 하나님께 소망을 두었던 거룩한 부녀들도 이와 같이 자기 남편에게 순종함으로 자기를 단장하였나니 사라가 아브라함을 주라 칭하여 순종한 것 같이 너희는 선을 행하고 아무 두려운 일에도 놀라지 아니하면 그의 딸이 된 것이니라

남편에 대한 아내의 기본 방향은 모든 권위 아래 있는 자가 권위자에게 그래야 하듯이 "순종"입니다. 남편이 그리스도인이든 불신자이든 마찬가지입니다. 오히려 남편이 불신자일수록 더욱 그리하여서 아내의 행실을 통해 믿는 자의 삶에 매력을 느끼고 구원의 길이 열릴 수 있도록 해야 합니다.

실제로 교회 성도들을 보아도 그런 경우가 많습니다. 보통 결혼 10년차 정도 되면 부부 사이에 크고 작은 갈등이 해결되지 않고 쌓여있는 것을 보게 됩니다. 그런 갈급함 가운데 젊은 엄마들이 예수 믿고 말씀을 배우면서 태도와 삶이 변하는 것을 보고, 남편들도 결국 구원받게 되는 일을 많이 볼 수 있습니다.

이처럼 그리스도인의 바른 행동은 단지 관계를 부드럽게 하는 효과를 넘어, 그 근원이 되는 예수 그리스도의 능력을 빛나게 하는 장식과 같은 역할을 하게 됩니다.

엡 5:22

아내들이여 자기 남편에게 복종하기를 주께 하듯 하라

성경에서는 아내를 "돕는 배필"이라고 표현합니다. 즉 남편을 잘 돕는 것이 아내의 주된 역할이라는 것입니다. 남자와 여자가 창조 된 순서를 보더라도 하나님께서 아담을 먼저 만드시고, 그가 혼자 있는 것이 좋지 않아 아담을 위해 하와를 만드신 것을 알 수 있습니다.

남편과 아내는 가정의 두 축으로서 기본적으로 서로 돕고 보완하는 관계를 가져야 하겠지만, 그래도 둘 중 머리가 되는 이는 남편입니다. 그러므로 남편이 일단 결정을 내렸다면 아내는 그에 따라주는 것이 옳습니다. 물론 쉬운 일은 아닙니다. 방금까지 서로 의견을 내고 조율하고 있었는데 남편이 결정해버렸다고 해서 즉시 내 생각을 접고 따른다는 것은 자아를 내려놓아야만 가능한 일입니다. 그러나 이것이 말씀이 제시하는 방향이므로 우리는 이를 지속적으로 훈련해야 합니다.

저희 부부의 경우도 목사님은 성미가 급하시고 목표지향적이신 반면, 저는 신중하고 완벽함을 추구하는 편입니다. 그래서 목사님께서 무슨 일을 하려고 하면 저는 주로 제동을 걸고 천천히 가시도록 뒤에서 잡아끄는 편인데, 종종 제가 또 막을까봐 목사님께서 아예 상의도 않고 일을 저질러 버리실 때가 있습니다. 그럴 때에도 제가 취해야 할 행동은 목사님을 적극적으로 돕는 것입니다. 결정 과정에서 내 의견을 표현할 기회가 없었다 하더라도, 남편이 이미 결정을 내렸다면 최선을 다해 돕는 것이 하나님께서 말씀하시는 아내의 역할이자 도리입니다. 설사 남편이 부족한 결정을 내렸다 하더라도 아내가 말씀의 방향을 따라 존중하는 삶을 살기로 택할 때, 하나님께서는 어떤 방식으로든 선하게 역사하시고 그에 맞는 축복을 주실 것입니다.

남편이 아내를 대할 때

벧전 3:7
남편들아 이와 같이 지식을 따라 너희 아내와 동거하고 그를 더 연약한 그릇이요 또 생명의 은혜를 함께 이어받을 자로 알아 귀히 여기라 이는 너희 기도가 막히지 아니하게 하려 함이라

남편은 아내를 대할 때 생명의 은혜를 함께 누릴 동반자이자, 동시에 자기보다 더 연약한 존재로 여겨 귀하게 여기고 사랑해야 합니다. 그렇게 부부 관계와 가정에서 성공해야 자신의 영적인 능력을 막힘없이 풀어내며 살 수 있는 것입니다.

엡 5:25-33
남편들아 아내 사랑하기를 그리스도께서 교회를 사랑하시고 그 교회를 위하여 자신을 주심 같이 하라 이는 곧 물로 씻어

말씀으로 깨끗하게 하사 거룩하게 하시고 자기 앞에 영광스러운 교회로 세우사 티나 주름 잡힌 것이나 이런 것들이 없이 거룩하고 흠이 없게 하려 하심이라 이와 같이 남편들도 자기 아내 사랑하기를 자기 자신과 같이 할지니 자기 아내를 사랑하는 자는 자기를 사랑하는 것이라

누구든지 언제나 자기 육체를 미워하지 않고 오직 양육하여 보호하기를 그리스도께서 교회에게 함과 같이 하나니 우리는 그 몸의 지체임이라 그러므로 사람이 부모를 떠나 그의 아내와 합하여 그 둘이 한 육체가 될지니 이 비밀이 크도다 나는 그리스도와 교회에 대하여 말하노라 그러나 너희도 각각 자기의 아내 사랑하기를 자신 같이 하고 아내도 자기 남편을 존경하라

흔히 예수님과 성도의 관계를 신랑과 신부에 비유하기도 합니다. 이처럼 예수님께서 자기 몸을 버리기까지 교회를 사랑하신 모습은 세상 모든 남편이 닮아야 할 모범입니다. 그런데 사실 남자는 여자에 비해 덜 희생적이고 자기중심적인 성향이 있습니다. 그래서 하나님께서 남편들에게 덧붙이시기를, "네가 네 자신을 사랑하는 것처럼" 즉 네가 네 자신을 챙기는 만큼 아내를 사랑하라고 말씀하십니다.

그리고 또한 "부모를 떠나 아내와 합하라"라고 말씀하십니다. 이는 아내도 마찬가지입니다. 결혼해서 가정을 이루었으면, 부모의 영향력을 떠나 독립하는 것이 옳습니다. 특히 우리나라의

경우 문화적으로 성인이 된 후에도 부모와 자식 간의 관계가 밀착되어 있고 경제적인 독립도 늦은 편이라 이 문제에 있어 지혜가 필요합니다. 부부의 일에 부모님들이 필요 이상으로 개입한다거나, 또는 남편과 아내가 각자 자기의 본가를 유난히 더 챙긴다거나 하는 일들은 모두 바람직하지 않습니다. 부부 관계가 첫째이고, 다음이 자녀, 그리고 그 다음이 부모님인 것을 기억하고 가정 내의 여러 관계 가운데 말씀을 따라 분명한 태도를 유지해야 합니다.

또한 성경에서는 부부간의 잠자리 문제에 대해서도 정확히 다루고 있습니다.

> 고전 7:3-5
> 남편은 그 아내에 대한 의무를 다하고 아내도 그 남편에게 그렇게 할지라 아내는 자기 몸을 주장하지 못하고 오직 그 남편이 하며 남편도 그와 같이 자기 몸을 주장하지 못하고 오직 그 아내가 하나니 서로 분방하지 말라 다만 기도할 틈을 얻기 위하여 합의상 얼마 동안은 하되 다시 합하라 이는 너희가 절제 못함으로 말미암아 사탄이 너희를 시험하지 못하게 하려 함이라

이 구절의 앞부분을 보면 육체의 음행이라는 주제의 연장선상에서 부부 사이의 성적인 문제를 다루는 것을 볼 수 있습니다. 부

부는 음행의 유혹에 빠지지 않기 위해 서로 간에 의무를 다해야 하며, 각자의 몸을 주관하는 것은 자신이 아니라 상대방이라는 인식을 가지고, 기도 등의 특별한 이유로 인해 서로 합의했을 때를 제외하고는 상호간에 성실할 것을 당부하고 있습니다.

세상의 많은 부부들이 다양한 이유로 갈등과 불화를 겪고 있지만, 인간적인 관점에서 원인을 캐고 잘잘못을 가리기보다 말씀에서 하나님께서 보여주시는 방향을 따라 각자 해야 할 바를 수행한다면 어떤 문제라도 회복할 수 있을 것입니다.

여자의 행실

마지막으로 여자와 남자들에게 주시는 말씀을 살펴보겠습니다. 먼저 젊은 여자들에 대한 말씀입니다.

딤전 5:11-14
젊은 과부는 올리지 말지니 이는 정욕으로 그리스도를 배반할 때에 시집 가고자 함이니 처음 믿음을 저버렸으므로 정죄를 받느니라 또 그들은 게으름을 익혀 집집으로 돌아 다니고 게으를 뿐 아니라 쓸데없는 말을 하며 일을 만들며 마땅히 아니할 말을 하나니 그러므로 젊은이는 시집 가서 아이를 낳고 집을 다스리고 대적에게 비방할 기회를 조금도 주지 말기를 원하노라 우선 '말'을 조심해야 합니다. 위 구절에서는 여자들이 어울려 다니며 쓸데없는 말을 옮기는 것을 경계하라고 권면하고 있습니다.

또한 주부로서 가정을 잘 돌보아 비방 거리를 주지 말라고 권면합니다. 특히 교회 일에 열심을 내느라 가정을 제대로 돌보지 못한다면, 오히려 믿지 않는 남편과 가족들에게 부정적인 영향을 끼칠 수 있습니다.

딛 2:3-5
늙은 여자로는 이와 같이 행실이 거룩하며 모함하지 말며 많은 술의 종이 되지 아니하며 선한 것을 가르치는 자들이 되고 그들로 젊은 여자들을 교훈하되 그 남편과 자녀를 사랑하며 신중하며 순전하며 집안 일을 하며 선하며 자기 남편에게 복종하게 하라 이는 하나님의 말씀이 비방을 받지 않게 하려 함이라

나이 든 여자에게도 공통적으로 '말'을 조심하라고 지적합니다. 아무래도 남자보다는 여자들이 대화를 즐기고 그만큼 말에 실수가 많은 것이 사실인 것 같습니다. 여기에서는 특별히 모함하는 말을 하지 말라고 주의를 줍니다.

또한 술을 조심하고 거룩한 행실을 가지며, 특히 연장자로서 거룩한 행실과 선한 교훈으로 젊은 여자들을 잘 가르치라고 권면하고 있습니다.

남자의 행실

딛 2:6-8
너는 이와 같이 젊은 남자들을 신중하도록 권면하되 범사에 네 자신이 선한 일의 본을 보이며 교훈에 부패하지 아니함과 단정함과 책망할 것이 없는 바른 말을 하게 하라 이는 대적하는 자로 하여금 부끄러워 우리를 악하다 할 것이 없게 하려 함이라

젊은 남자들에게는 신중하고 분별 있게, 단정하고 선하며 책망할 것이 없는 말과 행동을 나타냄으로써 믿지 않는 자들에게 틈을 주지 말라고 말하고 있습니다.

딛 2:2
늙은 남자로는 절제하며 경건하며 신중하며 믿음과 사랑과 인내함에 온전하게 하고

늙은 남자들에게 주는 말씀을 보면, 갈라디아서 5장의 성령의 열매와 흡사하다는 것을 발견할 수 있습니다. 결국 그리스도인으로서 점점 거듭난 본성 안에서 성숙해지며 선한 열매를 맺으며 살아야 한다는 것입니다.

존중하는 삶으로 세상을 비추라!

지금까지 교회와 사회와 직장과 가정 안에서의 다양한 관계와 역할을 따라 하나님께서 그리스도인에게 주신 핵심 메시지가 무엇인지 살펴보았습니다. 상황에 따라 조금씩 차이가 있지만, 공통적으로 아래 권위에 있는 사람에게는 순종과 지지를, 높은 권위에 있는 사람에게는 사랑과 공의를 강조하는 것을 볼 수 있습니다.

그리스도인은 이 땅에서 하나님의 영광을 나타내고 그분의 왕국을 확장하도록 부름 받은 사람들입니다. 그런 우리들에게 '존중하는 삶'은 선택의 여지가 없는 절대적인 방향입니다. 우리가 그리스도인으로서 어떻게 세상 사람들과 구별될 수 있을까요? 단지 예배에 잘 나오고 교회 안에서 신앙생활을 잘 하는 것으로는 충분하지 않습니다. 실제 삶의 현장에서 사람들과 만나고 접촉하는 가운데 세상과는 다른 태도와 행동을 보여주어야 합니다. 상황이나 상대의 어떠함과 상관없이, 정직과 진리와 성실로 하나님의 말씀을 따라 존중하는 삶을 살아갈 때, 사람들은 세상에서는 볼 수 없는 빛나는 빛을 우리에게서 발견할 것입니다. 우리가 그러한 삶을 살 수 있도록 이미 모든 것을 주신 주님을 찬양합니다!

믿음의말씀사 출판물

구입문의 : 031-8005-5483 http://faithbook.kr

■ 케네스 해긴의 「믿음 도서관」 책들
- 새로운 탄생
- 재정 분야의 순종
- 나는 지옥에 갔다 왔습니다
- 하나님의 처방약
- 더 좋은 언약
- 예수의 보배로운 피
- 하나님을 탓하지 마십시오
- 네 주장을 변론하라
- 셀 모임에서 성령인도 받기
- 안수
- 치유를 유지하는 법
- 사랑은 결코 실패하지 않습니다
- 하나님께서 내게 가르쳐 주신 형통의 계시
- 왜 능력 아래 쓰러지는가?
- 다가오는 회복
- 잊어버리는 법을 배우기
- 위대한 세 단어
- 하나님의 은사와 부르심
- 그 이름은 "놀라우신 분"
- 우리에게 속한 것을 알기
- 성령을 받는 성경적인 방법
- 하나님의 영광
- 은혜 안에서의 성장을 방해하는 다섯 가지
- 사랑 가운데 걷는 법
- 바울의 계시: 화해의 복음
- 당신은 당신이 말하는 것을 가질 수 있습니다
- 그리스도 안에서
- 말
- 방언기도의 능력을 풀어 놓으라
- 옳은 사고방식 틀린 사고방식
- 속량 – 가난, 질병, 영적 죽음에서 값 주고 되사다
- 네 염려를 주께 맡겨라
- 예언을 분별하는 일곱 단계
- 절망적인 상황을 반전시키기
- 당신의 믿음을 풀어 놓는 법
- 진짜 믿음
- 믿음이란 무엇인가
- 그리스도께서 지금 하고 계시는 일
- 충분하고도 넘치는 하나님 엘 샤다이
- 금식에 관한 상식
- 하나님의 말씀 : 모든 것을 고치는 치료제
- 가족을 섬기는 법
- 조에
- 당신이 알아야 하는 신유에 관한 일곱 가지 원리
- 여성에 관한 질문들
- 인간의 세 가지 본성
- 몸의 치유와 속죄
- 크게 성장하는 믿음
- 하나님 가족의 특권
- 기도의 기술
- 나는 환상을 믿습니다
- 병을 고치는 하나님의 말씀
- 영적 성장
- 신선한 기름부음
- 믿음이 흔들리고 패배한 것 같을 때 승리를 얻는 법
- 믿음의 선한 싸움을 싸우는 법
- 하나님의 계획과 목적과 추구
- 예수 열린 문
- 믿음의 계단
- 당신을 향한 하나님의 계획
- 역사하는 기도
- 기름부음의 이해
- 내주하시는 성령 임하시는 성령
- 재정적인 번영에 대한 성경적 열쇠들
- 어떻게 하나님의 영으로 인도받을 수 있는가?
- 마이더스 터치
- 치유의 기름부음
- 그리스도의 선물
- 방언
- 믿는 자의 권세(생애기념판)
- 믿음의 양식
- 승리하는 교회

■ E. W. 케년
- 십자가에서 보좌까지 무슨 일이 일어났는가?
- 두 가지 의
- 놀라우신 그 이름 예수
- 하나님 아버지와 그분의 가족
- 나의 신분증
- 두 가지 생명
- 새로운 종류의 사랑
- 그분의 임재 안에서
- 속량의 관점에서 본 성경
- 두 가지 지식
- 피의 언약
- 숨은 사람
- 두 가지 믿음
- 새로운 피조물의 실재

■ 스미스 위글스워스
- 스미스 위글스워스의 천국
- 스미스 위글스워스의 매일묵상
- 위글스워스는 이렇게 했다
- 스미스 위글스워스의 능력의 비밀

■ T. L. 오스본
- 행동하는 신자들
- 기적 – 하나님 사랑의 증거
- 새롭게 시작하는 기적 인생
- 좋은 인생
- 성경적인 치유
- 능력으로 역사하는 메시지
- 100개의 신유 진리
- 24 기도 원리 7 기도 우선순위
- 하나님의 큰 그림
- 긍정적 욕망의 힘
- 당신은 하나님의 최고의 작품입니다

■ 잔 오스틴
- 믿음의 말씀 고백기도집
- 하나님의 사랑의 흐름
- 견고한 진 무너뜨리기
- 초자연적인 흐름을 따르는 법
- 당신의 운명을 바꿀 수 있습니다
- 어떻게 하나님의 능력을 풀어놓을 수 있는가?

■ 크리스 오야킬로메
- 여기서 머물지 말라
- 이제 당신이 거듭났으니
- 당신의 인생을 재창조하라
- 이 마차에 함께 타라
- 그리스도 안에 있는 당신의 권리
- 성령님과 당신
- 성령님이 당신 안에서 행하실 일곱 가지
- 성령님이 당신을 위해 행하실 일곱 가지
- 기적을 받고 유지하는 법
- 하나님께서 당신을 방문하실 때
- 올바른 방식으로 기도하기
- 당신의 믿음을 역사하게 하는 법
- 끝없이 샘솟는 기쁨
- 기름과 겉옷
- 약속의 땅
- 하나님의 일곱 영
- 예언
- 시온의 문
- 하늘에서 온 치유
- 효과적으로 기도하는 법
- 어떤 질병도 없이
- 주제별 말씀의 실재
- 마음의 능력

■ 앤드류 워맥
- 당신은 이미 가졌습니다
- 은혜와 믿음의 균형 안에 사는 삶
- 하나님의 참 본성
- 하나님은 당신이 건강하기 원하십니다
- 영 · 혼 · 몸
- 전쟁은 끝났습니다
- 믿는 자의 권세
- 새로운 당신과 성령님
- 노력 없이 오는 변화
- 하나님의 충만함 안에 거하는 열쇠
- 더 좋은 기도 방법 한 가지
- 재정의 청지기 직분
- 하나님을 제한하지 마라
- 하나님의 뜻을 발견하고 따라가며 성취하라
- 하나님의 참 본성
- 하나님의 최선 안에 사는 법

■ 기타「믿음의 말씀」설교자들
- 성령의 삶 능력의 삶
- 복을 취하는 법
- 주는 자에게 복이 되는 선물
- 믿음으로 사는 삶
- 붉은 줄의 기적
- 당신이 말한 대로 얻게 됩니다
- 예수–치유의 길 건강의 능력
- 성령 안의 내 능력
- 존 G. 레이크의 치유
- 믿음과 고백
- 임재 중심 교회
- 성령충만한 그리스도인의 지침서
- 열정과 끈기
- 제자 만들기
- 어떻게 교회를 배가하는가
- 운명
- 모든 사람을 위한 치유
- 회복된 통치권
- 그렇지 않습니다
- 당신의 자녀를 리더로 훈련하라
- 오순절 운동을 일으킨 하나님의 바람
- 주일 예배를 넘어서
- 신약교회를 찾아서
- 내가 올 때까지
- 매일의 불씨
- 여성의 건강한 자아상

■ 김진호 · 최순애
- 왕과 제사장
- 새로운 피조물의 실재
- 믿음의 반석
- 새 언약의 기도
- 새로운 피조물 고백기도집(한글판 / 한영대조판)
- 성령 인도
- 복음의 신조
- 존중하는 삶
- 성경의 세 가지 접근
- 말씀 묵상과 고백
- 그리스도의 교리
- 영혼 구원
- 새로운 피조물
- 믿음의 말씀 운동의 뿌리
- 1인 기업가 마인드
- 내 양을 치라
- 새사람을 입으라